어린이 삼국유사 1

어린이 삼국유사 1

초판 1쇄 발행 | 2006년 2월 20일
초판 17쇄 발행 | 2021년 10월 15일

원전번역 | 고운기·최선경
글쓴이 | 서정오
그린이 | 이만익
펴낸이 | 조미현

펴낸곳 | (주)현암사
등록 | 1951년 12월 24일·제10-126호
주소 | 04029 서울시 마포구 동교로12안길 35
전화 | 02-365-5051·팩스 | 02-313-2729
전자우편 |child@hyeonamsa.com
홈페이지 | www.hyeonamsa.com
페이스북 | www.facebook.com/hyeonami
블로그 | blog.naver.com/hyeonamsa

글 ⓒ 최선경, 서정오, (주)현암사 2006
그림 ⓒ (주)현암사 2006

ISBN 978-89-323-7040-8 73810

* 지은이와 협의하여 인지를 생략합니다.
* 잘못된 책은 바꾸어 드립니다.
* 현암주니어는 (주)현암사의 아동 브랜드입니다.

제품명 도서	전화 02-365-5051
제조년월 2021년 10월	제조국명 대한민국
제조자명 (주)현암사	사용연령 9세 이상
주소 서울시 마포구 동교로12안길 35	

주의: 책 모서리에 부딪히거나 종이에 베이지 않도록 주의해 주세요.
• KC 마크는 이 제품이 공동안전기준에 적합하였음을 의미합니다.

어린이 삼국유사 1

고운기 · 최선경 원전번역 | 서정오 다시씀 | 이만익 그림

현암
주니어

어린이 삼국유사를 펴내며

한민족이 살아온 발자취가 찍힌 책, 역사의 보물창고가 『삼국유사』이다. 신화나 전설 그리고 민담 같은 어렵지 않은 이야기를 통해 그때 사람들의 생각과 생활을 보여 주는 귀중한 고전이다. 더욱이 『삼국유사』는 지난 백 년간 한국학 연구의 중심에 우뚝 서서, 한국과 한국인이 누구인가를 말해 주는 데 등대와 같은 일을 해냈다.

그래서 오늘날 우리는 『삼국유사』를 '대안사서'라 부른다. 정규학교가 못하는 긍정적인 역할을 대안학교가 하듯이, 옛날에도 정식 사서라 할 수 없는 책이었지만, 『삼국유사』는 개성적인 형식과 내용을 가지고 오히려 전혀 다른 세계를 우리에게 보여주기 때문이다.

2006년은 『삼국유사』의 저자 일연이 탄생한 지 800년을 맞는 해이다. 일연은 무인정권의 혼란, 몽고와의 전쟁, 몽고를 대리해서 치러야 했던 일본 정벌 등 고난의 시대 13세기를 살다 갔다. 큰 나라의 틈바구니에서 약소국의 비애를 느낀 13세기에 이 시기의 지식인이요 국사였던 일연은 민족의 고난을 극복하는 요체로 '삼국유사'를 썼다. 그것은 오늘날에 와서 더욱 소중해졌다. 각성하여 새롭게 생각할 민족의 문제가 무엇인지 오늘날 우리는 맞닥뜨려 있다.

환웅과 웅녀의 아들 단군왕검 이야기를 비롯하여 알에서 나온 삼국 시조의 탄생 설화와, 햇빛과 달빛을 되살린 연오랑 세오녀, 귀신을 부린 비형랑, 선화공주에게 장가든 무왕, 몸을 바쳐 불교를 일으킨 이차돈, 신문왕이 받은 마법 같은 피리, 건

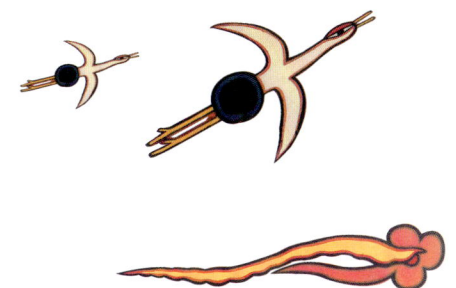

휜과 지렁이, 호랑이처녀와 애틋한 사랑을 나눈 김현, 활을 잘 쏜 거타지 등 이야기는 끝이 없다. 깨친 마음과 문학적 심미안이 뛰어났던 일연이었다. 역사와 설화, 사실과 허구, 현실과 판타지의 경계를 자유로이 넘나들며, 일연은 그의 사상적 바탕이 되었던 불교적 상상력의 세계를 마음껏 펼쳐 보인다.

그 가운데 문득 깨닫게 되는 삶의 진리, 그 후에 남는 여운과 아련한 감동, 이것이 13세기의 역사의식과 불교문화가 함축된 책으로서 『삼국유사』를 읽는 재미다.

현암사가 『삼국유사』를 읽는 어린 친구들을 위해 내놓는 『어린이 삼국유사』는 여러 분야의 전문가가 모여 함께 만들었다. 전문 연구자인 고운기·최선경의 원전 번역을 바탕 삼고, 옛이야기를 들려주듯 정감 있는 입말로 쉽게 푼 서정오의 글에다, 보는 이마다 마음껏 상상의 나래를 펼 수 있는 화가 이만익의 판타지 그림. 이들이 어우러져 『어린이 삼국유사』의 정본을 만들었다.

이 책을 읽는 독자는 누구나 오늘날의 문제를 해결할 실마리를 여기서 찾아낼 수 있으며, 천 년 세월을 훌쩍 뛰어넘는 독특하고 넉넉한 발상, 세상 속내를 읽는 새로운 눈길을 배울 수 있을 것이다.

2006년 2월
기획자

어린이의 꿈을 담은 삼국유사 그림

『삼국유사』를 보고 그림으로 그려보고 싶다는 생각은 오래전부터 해왔다. 전혀 나의 능력을 생각지 않은 상태에서 순진하게 뻗어나는 하나의 그리움 같은 것이었다.

그 속에 담긴 오천 년의 긴 세월. 그러나 사람이 세상에 모습을 드러내고, 번식하고 자리 잡고 살아온 선사시대의 아득하고 장구한 세월을 생각하면 문자로 기록한 역사의 세월은 얼마나 짧은 시간인가. 돌이켜보면 아득한 그리움의 시간, 잃어버린 모두의 기억이 잠자고 있는 시간이라 생각된다. 그래서 오천 년의 시간은 불과 백 년이나 이백 년의 세월을 향한 그리움, 그 모호성과 닮아 있다.

지금 들추어 보는 삼국유사의 지난 이야기가 애매모호한 이야기로만 느껴지지 않는 것은 사람이 꿈꾸던 소망의 이야기, 삶의 이야기가 기록되었기 때문이다. 그것은 오늘을 사는 우리네 삶의 이야기와 아주 비슷하다. 눈에 보이지 않아 실감할 수 없다고 하겠지만 눈 감으면 또렷해지는 자신의 지난 일과 다를 게 없다. 『삼국유사』는 우리에게 주어진 우리 이야기이고 또 나에게 주어진 나의 이야기이다.

무엇보다도 난 삼국유사에 담긴 이야기가 좋다. 다른 책에서는 찾아보기 힘든 우리 고대사의 여러 중요한 사실을 전하고 있을 뿐 아니라 찬란하고 풍부했던 고대 불교문화를 고스란히 담고 있기 때문이다. 곰이 마늘을 먹고 사람이 됐다는 고조선의 건국신화인 단군신화에서부터 웅장하고 힘이 넘치는 고구려 시조 주몽 이야기, 피리로 풍랑을 일으켜 왜구를 혼내 주었다는 만파식적의 마법 같은 신비로운 세계

나, 김유신이 동생 문희를 죽이겠다고 벌인 해프닝, '거북아 거북아 수로부인을 내놓아라' 로 시작되는 「해가」의 주인공 수로부인의 이야기……. 그 어느 나라의 신화와 설화에 견주어도 손색이 없을 정도의 풍부한 이야깃거리와 영감을 제공한다.

그러기에 삼국유사 이야기는 1980년 현대문학에 '그림으로 보는 삼국유사' 연재를 인연으로 지금까지 내 그림의 단골 소재가 되고 있다. 초창기에는 초보적인 시각 형태로 표현하였지만 시간이 흐르면서 화법도 이야기를 해석하는 깊이도 조금씩 변하였다. 전설이나 설화, 역사에 나오는 인물들을 친근하게 풀어내 어린이부터 어른까지 한국인이라면 누구나 쉽게 이해할 수 있도록 만들고 싶었다. 우리 조상이 물려준 설화와 역사의 변천 과정을 토대로 조국의 멋과 아름다움이 그림 속에 담기기를 바라는 마음에서다.

20년 넘게 빛에 가린 삼국유사 원화가 『어린이 삼국유사』라는 이름으로 새 옷을 입고 출간된다. 이 책을 통해 어린이는 무한 상상력을 키우고 어른들은 우리 민족의 소박한 감정, 관용, 넉넉함을 느끼기 바란다.

화가 이만익

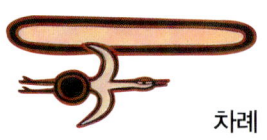

차례

어린이 삼국유사를 펴내며 ·· 4
어린이의 꿈을 담은 삼국유사 그림 ······························ 6

환웅과 웅녀의 아들 단군왕검 ································ 10
돌 밑에서 나온 금와왕 ··· 16
물고기와 자라 등을 밟고 간 주몽 ·························· 20
알에서 나온 혁거세왕 ·· 28
배를 타고 바다를 건너온 탈해왕 ···························· 36
햇빛과 달빛을 되살린 연오랑 세오녀 ······················ 46
왕자를 구한 충신 김제상 ······································ 52

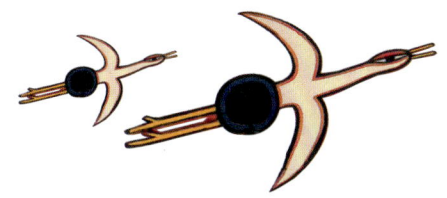

거인 지철로왕 ································· 64

귀신을 부린 비형랑 ····························· 70

세 가지 일을 미리 안 선덕여왕 ················· 78

세 신령의 도움으로 목숨을 구한 김유신 ········· 84

싸움터에서 평생을 보낸 김춘추 ················· 92

신비한 피리를 얻은 신문왕 ···················· 112

신라의 마지막 임금 김부대왕 ·················· 118

삼국유사 원화 그림방 ·························· 126

환웅과 웅녀의 아들
단군왕검

옛날 옛적, 까마득히 먼 옛날 옛적, 땅 위에 아직 나라가 없을 때 이야기야.

하늘나라 임금 환인의 아들 중에 환웅이라는 이가 있었어. 환웅은 하늘나라에 살면서도 늘 인간 세상에 뜻을 두고, 언젠가는 내려가 다스려 보리라 마음먹고 있었지. 아버지 환인이 아들의 뜻을 헤아리고 좋은 땅을 찾아보기로 했어. 하늘에서 인간세상을 이리저리 내려다보니, 태백산 봉우리 세 개가 우뚝 솟은 '삼위태백'이라는 곳이 참 좋아 보이거든. 그곳이라면 사람들을 널리 이롭게 할 만하단 말이야. 그래서 아들 환웅에게 하늘나라 임금의 징표 '천부인' 세 가지를 줘서 인간세상에 내려 보냈어. 그 징표 세 가지가 뭔고 하니 거울과 칼과 방울이야.

환웅은 곧 무리 삼천 명을 거느리고 인간세상에 내려왔어. 환인 임금이 정해 준 태백산으로 내려왔지. 태백산 꼭대기 신단수라는 신령스러운 나무 아래로 내려와서, 이곳을 일러 '신시'라 하고 자기자신을 일러 환웅천왕이라 했어.

환웅천왕은 무리 중에서 바람과 비와 구름을 잘 부리는 세 어른을 뽑아 벼슬을 주어 일을 맡기고, 곧 세상을 다스리기 시작했어. 농사짓는 일, 목숨 지키는 일, 병 고치는 일, 죄지은 사람에게 벌주는 일, 옳고 그름을 가리는 일……, 이렇게 사람살이에 필요한 삼백예순 가지가 넘는 일을 다 주관하면서 백성을 보살피고 가르쳤지.

이때 곰 한 마리하고 호랑이 한 마리가 근처 굴속에 살고 있었어. 이 짐승들이 가만히 보니 사람들 사는 모습이 참 보기 좋거든. 그래 저희들도 사람이 되고 싶어서, 성스러운 환웅천왕에게 정성을 다해 빌었어.

"천왕님 천왕님, 우리도 사람이 되게 해 주십시오."

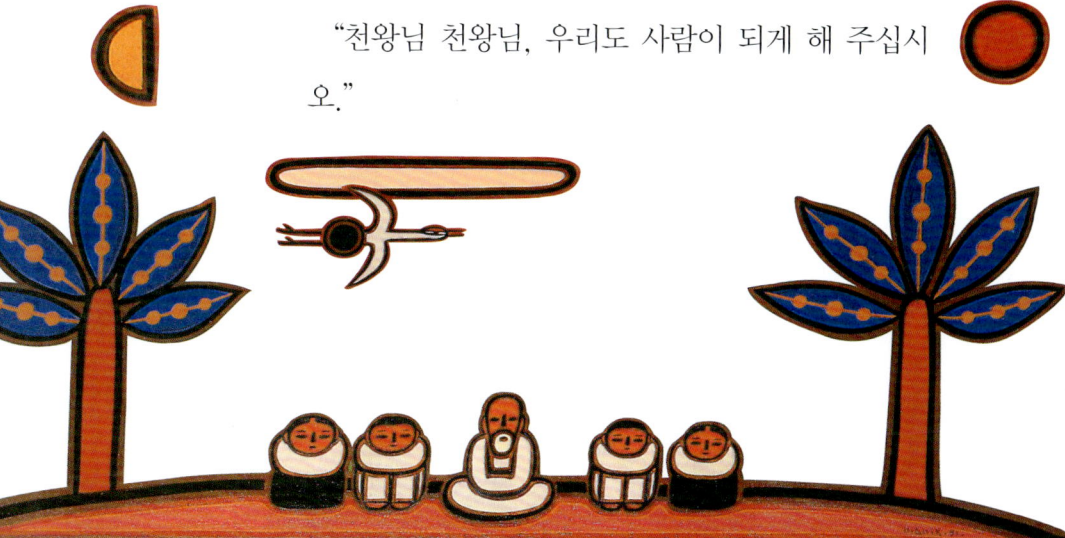

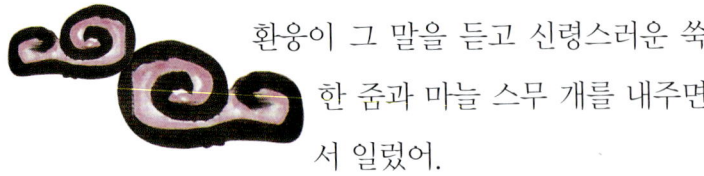 환웅이 그 말을 듣고 신령스러운 쑥 한 줌과 마늘 스무 개를 내주면서 일렀어.

"너희들이 이것을 먹고 백 날 동안 햇빛을 보지 않는다면 쉽사리 사람이 될 수 있을 것이니라."

곰과 호랑이는 그날부터 굴속에 들어가 쑥과 마늘만 먹으며 지냈어. 햇빛을 보지 않고 조심하면서 오랫동안 버텼는데, 곰은 잘 참고 견뎌서 드디어 여자 사람이 됐어. 그런데 호랑이는 오래 견디지를 못해서 사람이 못 됐지.

여자 사람이 된 곰은 이름을 '웅녀'라 했어. 그런데 살다 보니 저도 여느 사람들처럼 아기를 갖고 싶거든. 그런데 시집을 못 갔으니 아기를 가질 수 있어야지. 궁리 끝에 신단수 아래에 가서 날마다 아기를 갖게 해 달라고 빌었어. 환웅이 그것을 보고, 잠깐 사람 모습으로 변해서 웅녀와 혼인을 했지. 그래서 곧 아들을 낳았는데, 이 아들이 바로 단군왕검이야.

환웅과 웅녀가 낳은 아들 단군왕검은 어른이 된 뒤에 평양성에 도읍을 정하고 나라를 세웠는데, 나라 이름을 '조선'이라고 했어. 이게 우리 땅에서 처음으로 세운 나라야. 그 뒤에 도읍을 백악산 아사달이라는 곳으로 옮겼는데, 이곳을 다른 이름으로는 '궁홀산'이라고도 하고 '금미달'이라고도 해. 단군왕검은 이곳에서 천오백 년 동안 살면서 나라를 다스렸대. 그러다가 나중에 잠깐 '장당경'이라는 곳으로 옮겨가서 살았지만, 도로 돌아와 아사달에 숨어서 살았다는 거야. 산신령이 돼서 오래오래 살았다는데, 그때 나이가 일천구백여덟 살이었다고 해.

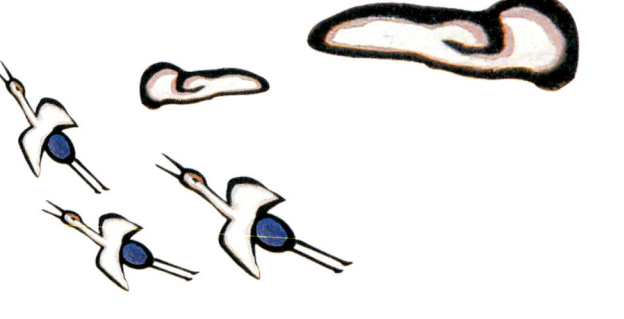

돌 밑에서 나온 금와왕

옛날 북쪽 땅에 북부여라는 나라가 있었어. 북부여의 왕은 '해부루'라는 이였는데, 이 왕에게는 '아란불'이라는 신하가 있었지.

하루는 아란불이 잠을 자는데, 꿈속에 하늘나라 임금이 내려와서 이런 말을 하더래.

"여봐라, 이제 곧 내 자손이 이곳에 와서 나라를 세울 것이니라. 그러니 너희들은 딴 데로 옮겨가 살도록 하여라. 동해바닷가에 가섭원이라는 곳이 있는데, 땅이 기름져서 도읍을 정할 만하니라."

아란불이 잠에서 깨어나 곧바로 해부루왕에게 꿈 이야기를 했어. 꿈에 하늘나라 임금님이 나타나 이러이러한 말을 했으니 따르는 게 어떻겠느냐고 말이야. 왕도 그 말을 옳게 여기고, 곧장 도읍을 동해바닷가 가섭원으로 옮겼어. 그리고 동쪽으로 옮겨갔다고 해서 나라 이름도 동부여로 바꿨지.

해부루왕은 늙도록 자식이 없었어. 그래서 틈날 때마다 하늘에 제사를 지내 아이를 낳게 해 달라고 빌었지. 하루는 왕이 제사를 지내려고 경치 좋은 곳으로 말을 타고 가는데, 큰 연못가에 이르니 갑자기 타고 가던 말이 눈물을 흘리면서 '이히힝 이히힝' 하고 우는 거야. 가만히 살펴보니 말이 연못

가에 있는 커다란 바윗돌을 향해서 울거든.

'대체 저 돌 밑에 무엇이 있기에 말이 저렇게 슬피 우는가?'

왕이 이상하게 여기고 신하들을 시켜 그 바윗돌을 들춰 봤어. 그랬더니 그 밑에 어린아이가 들어 있더래. 사내아이인데, 얼굴은 마치 개구리처럼 생기고 온몸에서 금빛이 번쩍번쩍 나더라는 거야. 그걸 보고 왕이 기뻐하면서,

"오, 하늘나라 임금님이 나에게 아들을 내려 주셨구나."

하고서, 궁궐로 데려가서 잘 키웠어. 금빛 나는 개구리처럼 생긴 아이라고 해서 이름을 '금와'라고 지어 줬지.

금와는 병 없고 탈 없이 아주 잘 자랐어. 해부루왕은 곧 금와를 태자로 삼았지. 나중에 해부루왕이 죽은 뒤에 금와는 그 뒤를 이어 동부여의 왕이 됐어. 이이가 바로 금와왕이야. 금와왕 다음에는 대소가 왕 자리를 이어받았는데, 그 뒤에 고구려 왕 무휼이 쳐들어와 대소왕을 죽이고 동부여를 멸망시켰다고 해.

물고기와 자라 등을 밟고 간 주몽

북부여왕 해부루가 동쪽 바닷가 동부여로 옮겨가서 살다가 죽고, 그 아들 금와가 왕의 자리를 이어받았을 때 일이야.

하루는 금와왕이 태백산 남쪽에 있는 우발수라는 강가를 지나는데, 거기에 웬 여자가 혼자 앉아 울고 있더래. 무슨 일로 그러느냐고 물었더니 여자가 하는 말이,

"저는 물의 신 하백의 딸로 이름은 유화라고 합니다. 얼마 전 아우들과 함께 물밖에 나와 노는데, 갑자기 한 사내가 나타나더니 자기가 하늘나라 임금님의 아들 해모수라고 하면서 저를 데려갔습니다. 어디로 데려갔느냐 하면 웅신산 아래 압록강가에 있는 한 집으로 데려갔습니다. 거기서 해모수는 저와 하룻밤을 지내고는, 어디론가 가 버리고 다시 돌아오지 않았습니다. 부모님은 저더러 중매도 없이 낯선 사람을 따라갔다고 꾸중하면서 이곳으로 귀양 보내셨습니다."

이러거든.

　금와왕이 그 말을 듣고는 예삿일이 아니라고 여겨 유화를 자기 궁궐로 데려갔어. 그리고 어두운 방에 깊이 가둬 놨지. 그랬더니 햇빛이 유화를 따라다니며 비추더래. 몸을 피해도 자꾸 따라와서 비추고 비추고, 이러더란 말이지.

　그런 일이 있은 뒤 유화는 곧 배가 불러 오더니, 달이 차서 알을 하나 낳았어. 알은 크기가 매우 커서, 얼추 닷 되들이는 되더래.

　금와왕은 그 알이 징그럽다면서 개와 돼지한테 던져 줬어. 그런데 개와 돼지는 그 알을 먹기는커녕 건드리지도 않고 슬슬 피해 다니더래. 그래 길바닥에 버렸더니 마소가 그 알을 밟지 않고 슬슬 피해 다니고, 하릴없이 들판에 내다 버렸더니 날짐승 길짐승이 모두 와서 그 알을 덮어서 감싸주는 거야. 쪼개 보려고 했지만 아무리 애를 써도 쪼개지지 않더래. 이래서 금와왕은 어쩔 수 없이 알을 유화한테 돌려줬어. 유화는 그 알을 헝겊으로 잘 감싸서 따뜻한 곳에 놔뒀지.

　그랬더니 얼마 뒤에 알에서 한 사내아이가 껍질을 깨고 나오는데, 아이 모습이 참 또렷또렷하고

틀거지가 신묘해서 보통 아이들과 다르더래.

　아이가 자라서 일곱 살이 되니까 재주가 뛰어나서 못하는 일이 없어. 그 중에서도 활쏘기를 참 잘해서, 제 손으로 활과 화살을 만들어 쏘는데 뭐 백발백중이야. 쏘는 족족 다 맞추더라는 거지. 그때 동부여에서는 활 잘 쏘는 사람을 가리켜 '주몽'이라 했거든. 그래서 사람들은 다 이 아이를 주몽이라고 불렀어.

　금와왕한테는 아들이 일곱이나 있어서, 늘 주몽과 함께 놀았지. 그런데 이 일곱 왕자 재주가 다 주몽만 못해. 뭐든지 주몽이 왕자들보다 더 낫더란 말이지. 하루는 맏아들 대소가 아버지 금와왕에게 은근히 말하기를,

　"주몽은 사람의 자식이 아닙니다. 만일 없애지 않고 그냥 두면 나중에 반드시 나쁜 일이 생길 것입니다."

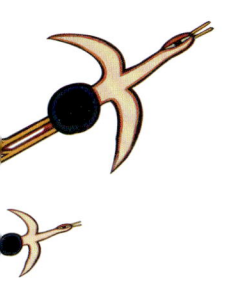

했어. 주몽을 죽이라고 부추기는 말이지, 그게. 그런데 금와왕은 그 말을 듣지 않았어.

왕이 주몽더러 말 먹이는 일을 맡겼는데, 주몽은 그 중에 날랜 말은 먹이를 적게 먹여 비루먹게 만들고, 굼뜬 말은 먹이를 많이 먹여 살찌게 만들었어. 나중에 왕이 말을 살펴보고, 살찐 말은 자기가 타고 비루먹은 말은 주몽에게 줬어. 덕분에 주몽은 날랜 말을 얻게 됐지.

일이 이쯤 되자, 왕의 일곱 아들은 신하들과 짜고 드디어 주몽을 죽이려는 흉계를 꾸몄어. 이것을 눈치 챈 어머니 유화가 아들에게 가만히 일렀지.

"애야, 지금 이 나라 사람들이 곧 너를 해치려고 한다. 너만 한 재주를 가지고 있으면 어디 간들 못 살겠느냐? 한시 바삐 이곳을 떠나도록 해라."

주몽은 어머니 말을 따라, 동무 세 사람과 함께 곧바로 길을 떠났어. 대소의 무리가 눈치를 채고 곧장 뒤를 쫓기 시작했지. 주몽 일행이 말을 달려 도망가다가 엄수라는 강가에 다다르니, 시퍼런 강물이 앞을 가로막아 도저히 건널 수가 없네. 이때 주몽이 물을 향해 크게 소리쳤어.

"나는 하늘나라 임금님의 아들이자 물의 신 하백

의 손자입니다. 지금 목숨을 구하려고 도망가는 중에 뒤쫓는 이들이 가까이 오고 있으니, 이를 어찌하면 좋단 말입니까?"

그러자 갑자기 물속에서 수많은 물고기와 자라들이 떠올라 다리를 놔 주더래. 주몽 일행은 그 물고기와 자라 등을 밟고 무사히 강을 건넜어. 이들이 강을 건너자마자 다리는 금세 풀려서, 뒤쫓던 대소의 무리는 그만 강가에서 발이 묶여 버렸지.

이렇게 해서 무사히 강을 건넌 주몽 일행은 졸본이라는 곳에 가서 새로 나라를 세우고 도읍을 정했어. 그런데 맨손으로 나라를 세우려니 미처 궁궐을 크게 지을 겨를이 있어야지. 그래 비류수 강가에 조그마한 초가집을 짓고 그걸 궁궐 삼아 살았대. 이때 나라 이름을 고구려라고 하고, 이에 따라 고씨를 주몽의 성으로 삼았다는 거야. 이때 주몽의 나이 열두 살이었다는데, 그 뒤에 고구려왕이 되어서 나라를 잘 다스렸다고 해.

고구려가 한창 때는 백성들 사는 집이 모두 이십일만 오백여덟 채나 됐다는데, '주림전'이라는 책에는 이런 이야기도 씌어 있어.

옛날 영품리왕의 몸종이 아이를 가졌는데, 점쟁

이가 점을 쳐 보더니 말하기를,

"이 아이는 귀한 몸으로 반드시 왕이 될 것입니다."

그랬대. 왕이 이 말을 듣고 화를 내어,

"이 아이는 내 자식이 아니니, 낳으면 반드시 죽일 것이다."

고 했지. 몸종이 울면서 왕에게 빌기를,

"하늘에서 신비한 기운이 뻗쳐 내려와 제가 아이를 밴 것입니다. 부디 살려 주십시오."

하고서, 드디어 달이 차서 아이를 낳았어. 왕은 상서롭지 못한 일이라며 돼지우리에 아이를 갖다 버렸어. 그랬더니 돼지가 따뜻한 입김을 불어 몸을 데워 주더래. 마구간에 갖다 버렸더니 말이 젖을 먹여 주고 말이야. 이래서 끝내 죽지 않고 살아서는, 나중에는 부여왕이 됐더래. 이런 이야기도 있어.

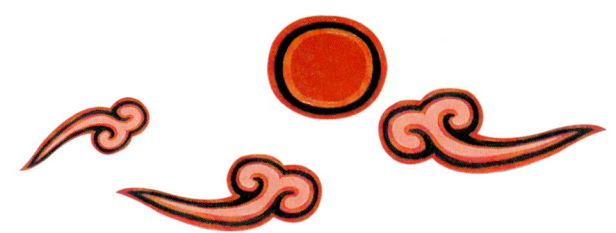

알에서 나온 혁거세왕

옛날 진한 땅에는 여섯 고을이 있었어.

첫째는 알천 양산촌으로 촌장은 알평이라는 사람인데, 이 사람은 처음에 표암봉이라는 곳으로 내려와 급량부 이씨의 조상이 됐지.

둘째는 돌산 고허촌으로 촌장은 소벌도리라고 하는 사람인데, 이 사람은 처음에 형산이라는 곳으로 내려와 사량부 정씨의 조상이 됐지.

셋째는 무산 대수촌으로 촌장은 구례마라고 하는 사람인데, 이 사람은 처음에 이산이라는 곳으로 내려와 점량부 손씨의 조상이 됐지.

넷째는 자산 진지촌으로 촌장은 지백호라고 하는 사람인데, 이 사람은 처음에 화산

이라는 곳으로 내려와 본피부 최씨의 조상이 됐지.

다섯째는 금산 가리촌으로 촌장은 지타라고 하는 사람인데, 이 사람은 처음에 명활산이라는 곳으로 내려와 한기부 배씨의 조상이 됐지.

여섯째는 명활산 고야촌으로 촌장은 호진이라고 하는 사람인데, 이 사람은 처음에 금강산이라는 곳으로 내려와 습비부 설씨의 조상이 됐지.

이 여섯 고을 촌장은 다 하늘에서 내려온 모양이야.

어느 해 3월 초하룻날, 여섯 고을 촌장들이 저마다 식구들을 데리고 알천 언덕에 모여서 의논을 했어.

"위로 임금이 없이 우리가 제각각 고을을 다스리니, 백성이 모두 함부로 놀고 제멋대로 굴어서 큰일이오. 이제 덕 있는 이를 찾아 임금으로 삼고, 여섯 고을이 합쳐 한 나라를 세우고 도읍을 정하는 것이 어떻겠소?"

모두들 좋다고 하고, 높은 곳에 올라가 이곳저곳을 살펴봤지. 한참 살피다 보니 남쪽 양산 아래 나정이라는 우물이 있는데, 그 우물가에 환한 번갯

불 같은 신비한 기운이 드리워져 있더래. 그리고 그 옆에는 눈부시게 흰 말 한 마리가 꿇어앉아서 꾸벅꾸벅 절을 하고 있는 거야.

모두들 이상하게 여기고 우물가로 달려가 봤지. 가 보니 자줏빛이 도는 커다란 알이 하나 있더라지 뭐야. 그 옆에 있던 말은 사람들이 몰려오는 것을 보고는 길게 울면서 하늘로 올라가 버리더래.

그 알을 깨어 보니 안에서 사내아이가 나오는데, 얼굴이 반듯하고 아주 잘 생겼어. 사람들은 놀라고 이상하게 여겨, 아이를 동쪽 샘으로 데리고 가서 목욕을 시켜 줬지. 목욕을 다 하고 나니 몸에서 환한 빛이 뿜어져 나오더래. 곧 온갖 새들이 몰려와 춤을 추고, 하늘과 땅이 흔들리고, 해와 달이 맑아져 온 세상이 훤해지더라는 거야. 사람들은 아이 이름을 '혁거세'라 하고 높이는 말로 '거실한'이라고 했어. 혁거세라고 하는 것은 환한 빛으로 세상을 다스린다는 뜻이고, 거실한이라고 하는 것은 임금을 높여 부르는 말이지.

이에 온 나라 사람들이 다투어 축하를 하면서,

"이제 하느님의 아들이 내려왔으니, 덕 있는 왕

후를 찾아 짝을 지어 드려야 한다."
고 말들을 했어.

그런데 마침 이날 사량리 알영정이라는 우물가에 닭의 모양을 한 용이 나타나서 왼쪽 옆구리로 여자아이를 하나 낳았어. 용이 낳은 여자아이는 얼굴 모습이 참 아름다운데 딱 한 가지 흠이 있더래. 그게 뭔고 하니 입술이 마치 닭 부리처럼 생긴 거야. 그래 사람들이 여자아이를 데리고 월성 북쪽 냇물에 가서 목욕을 시켜 줬어. 그랬더니 닭 부리가 떨어져나가면서 아주 고운 얼굴이 됐지. 그 때부터 사람들은 그 냇물을 '발천'이라고 했어. 발천이라고 하는 것은 무엇인가 떨어져나간 냇물이라는 뜻이거든.

사람들은 곧 남산 서쪽 기슭에 궁궐을 짓고, 이 성스러운 아이들을 데려다 길렀어. 사내아이는 알에서 태어났는데, 그 알이 마치 바가지처럼 생겼다고 해서 성을 박씨로 했어. 농사짓는 사람들은 다 바가지 만드는 열매를 박이라고 하거든. 여자아이는 알영정이라는 우물에서 나왔다고 그 이름을 따서 알영이라고 했지.

 이 두 성인이 자라서 나이 열세 살이 되자, 사내아이를 왕으로 삼고 여자아이를 왕후로 삼았어. 그리고 나라 이름을 '서라벌'이라고 했지. 서라벌을 그냥 줄여서 '서벌'이라고도 했어. 또 더러는 '사라'라고도 하고, '사로'라고 하는 사람도 있었지. 또 처음에 왕이 계정이라는 우물에서 나왔다고 '계림국'이라고도 했어. 나정을 계정이라고도 했던 모양이지. 왕후를 낳은 닭처럼 생긴 용을 계룡이라고도 하는데, 계룡이 상서로운 일을 불러와서 그런 이름을 지었는지도 몰라. 또 탈해왕 때 김알지가 태어나자 숲속에서 닭이 울었다고 해서 나라 이름을 계림으로 정했다는 말도 있어. 한참 뒤에 나라 이름이 신라로 바뀌었단다.

 혁거세왕은 예순한 해 동안 나라를 다스리다가

하늘로 올라갔는데, 왕의 몸뚱이는 죽은 지 이레 만에 땅에 떨어져 흩어졌대. 그 뒤에 왕후도 곧 세상을 떠났지.

나라 사람들이 왕과 왕후를 한데 묻어 장사 지내려고 하니, 어디선가 커다란 뱀이 나타나서 자꾸 따라다니며 훼방을 놓더래. 그래서 하는 수 없이 몸뚱이를 다섯으로 나누어 장사 지냈어. 그 바람에 무덤이 다섯 개나 된 거지. 무덤이 다섯이라고 '오릉'이라고도 하고, 뱀 때문에 그렇게 됐다고 '뱀 사' 자를 써서 '사릉'이라고도 해.

혁거세왕 다음에는 남해왕이 그 뒤를 이었지.

배를 타고 바다를 건너온 탈해왕

옛날 신라 남해왕 때 있었던 일이야.

하루는 신라 남쪽 가락국 바다 가운데에 웬 낯선 배 한 척이 나타났어. 가락국 임금 수로왕은 여러 신하와 백성과 함께 바닷가로 나가, 북을 크게 두드리면서 그 배를 맞이하려고 했지. 그런데 그 배는 북소리를 듣더니 그만 뱃머리를 돌려 쏜살같이 달아나 버리더래. 달아나서 어디로 갔는고 하니, 신라 동쪽 하서지촌 아진포라는 곳으로 갔어.

이때 아진포 갯가에 한 할머니가 살았는데, 이름을 '아진의선'이라고 했어. 혁거세왕의 배를 몰았던 사공의 어머니였지. 하루는 바다 쪽에서 까치가 떼를 지어 울기에,

"이상한 일이다. 이 바다에는 본디 바윗돌이 없는데, 무슨 일로 까치들이 바다 가운데에 모여 들어 우는고?"

하고는, 곧 배를 타고 노를 저어 바다로 나가 봤어. 가까이 가 보니, 까치들이 모여들어 우는 곳은 바위가 아니라 웬 낯선 배더래. 이상히 여기고 그 배에 올라가 가만히 살펴봤지. 배에는 커다란 궤짝이 하나 실려 있는데, 길이가 스무 자쯤 되고 너비는 열석 자쯤 되더래.

아진의선 할머니는 곧바로 그 배를 끌어다가 바닷가 숲 아래 매어 뒀어. 그런데 이것이 나쁜 일인지 좋은 일인지 알 수가 있어야지. 그래 하늘에 정성껏 빌고 나서 천천히 궤짝을 열어 봤어. 열어 보니, 아니 이게 웬일이야? 궤짝 안에 웬 잘생긴 사내아이가 들어 있지 뭐야. 또 일곱 가지 진귀한 보물도 들어 있고, 많은 하인도 같이 들어 있더래. 아진의선 할머니는 이들을 모두 집으로 데리고 와서 이레 동안 잘 보살펴 줬어.

그렇게 이레 동안 정성으로 뒷바라지를 해 줬더니 그제야 사내아이가 입을 열어 말을 하기를,

"나는 본디 용성국 사람입니다. 우리나라에는 일찍부터 용왕이 스물여덟이나 있었지요. 이들은 모두 사람의 모습으로 태어나, 나이 대여섯 살 적에 왕의 자리에 올라 만백성을 잘 이끌고 다스렸습니

다. 여덟 가지 골품으로 나뉘어 있었지만 차별을 받지 않고 모두 왕이 될 수 있었지요. 우리 아버지 함달파도 그 용왕 중 한 분이었는데, 일찍이 적녀국 공주에게 장가를 들었습니다. 그런데 오랫동안 슬하에 자식이 없어 아들 낳기를 간절히 빌었는데, 일곱 해 만에 어머니가 커다란 알 한 개를 낳았습니다. 아버지는 여러 신하를 모아 놓고서, '사람이 알을 낳는 일은 예나 지금이나 괴이한 일로서, 이것은 좋은 일이라 할 수 없다.' 하고는 곧 궤짝을 만들어 알을 넣고, 일곱 가지 보물과 하인들을 함께 넣은 다음 바다에 띄웠습니다. '아무 곳이나 인연이 있는 곳에 닿아 네 뜻대로 나라를 세우고 집안을 이루어라.' 하면서 말이지요. 그 알 속에서 내가 태어났습니다. 때마침 붉은 용이 나타나 배를 호위하여 이곳까지 오게 된 것입니다."
하더래.

사내아이는 말을 마치자 두 하인을 데리고 지팡이를 끌면서 토함산 위로 올라갔어. 거기서 돌무덤을 만들어 놓고 이레 동안 머물렀지. 그러면서 성안에 살 만한 땅을 찾

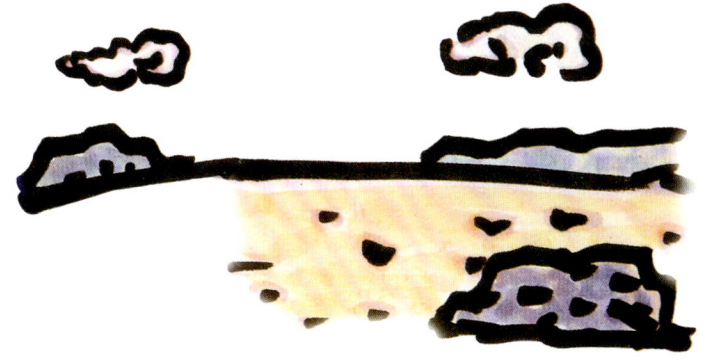

앉는데, 마침 산 아래에 초승달처럼 생긴 봉우리가 있는데 참 살기 좋아 보이거든. 그래 곧 내려가 보니, 그곳에는 이미 호공이라는 사람이 집을 짓고 살고 있는 거야.

사내아이는 그 집을 차지하려고 꾀를 썼어. 남몰래 그 집 옆에 숫돌과 숯을 묻어 놓고, 이튿날 아침에 그 집에 가서 문을 두드렸지. 사람들이 나오자 시치미를 뚝 떼고 말을 했어.

"나는 탈해라고 하는 사람인데, 이 집은 우리 할아버지 적부터 살던 우리 집입니다."

집주인 호공은 물론 펄쩍 뛰며 아니라고 할 것 아니야? 탈해는 탈해대로 자기 집이라고 우기고 말이야. 서로 우리 집이네 아니네 다투다가 결판을 못 내고 관가에 가서 재판을 받게 됐어. 관리가 탈해더러 물었지.

"너는 무슨 증거가 있기에 이 집을 너희 집이라고 하느냐?"

탈해가 대답하기를,

"우리 집은 본디 대장장이 집이었습니다. 우리 집 식구들이 잠깐 다른 고을에 가 사는 동안에 다른 사람이 이 집을 빼앗아 살고 있었던 것입니다. 땅을 파 보면 제 말이 옳은지 그른지 알 것입니다."
했어. 그 말대로 땅을 파 보니, 아니나다를까 숫돌과 숯이 나오거든. 관리가 그 말을 믿고 호공에게 집을 돌려주라 하니, 호공은 울며 겨자 먹기로 집을 내놓을 수밖에 없었지. 이렇게 해서 탈해가 꾀로 남의 집을 빼앗아 살았다는 거야.

그때 신라를 다스리던 남해왕이 이 소문을 듣고는 탈해가 꾀 많은 사람인 줄을 알고 맏딸을 시집보내기로 했어. 그래서 탈해는 신라 공주 아니부인에게 장가들게 됐지.

하루는 탈해가 토함산에 올라갔다가 내려오는 길에 목이 말라서 하인에게 샘물을 떠 오라고 시켰어. 하인은 샘물을 떠 가지고 오는 길에 탈해 몰래

자기가 먼저 한 모금 마셔 봤지. 아, 그런데 이게 웬일이야? 물그릇이 입에 딱 붙어 떨어지지를 않네. 아무리 떼려고 해도 안 떨어지니 어째. 하는 수 없이 물그릇을 입에 붙인 채 탈해에게 갔지. 탈해는 다시는 그러지 말라고 꾸짖었고, 하인은 맹세를 했어.

"앞으로는 샘이 멀거나 가깝거나 감히 먼저 물을 마시지 않겠습니다."

그제야 물그릇이 입에서 떨어지더라는 거야. 그 다음부터 하인들은 아무도 탈해를 감히 속이지 못했다고 해. 지금도 토함산에 우물 하나가 있어 '요내정'이라고 하는데, 그게 바로 그때 그 우물이래.

노례왕이 죽고 나자 탈해가 왕이 됐는데, 그때까지 탈해는 이름만 있고 성이 없었단 말이야. 성을 무엇으로 할까 하다가, 전에 '이것이 옛날 우리 집이오.' 하면서 남의 집을 빼앗았다고 해서 석씨라고 했다지. '석'이라는 글자에 '옛날'이라는 뜻이 들어 있거

든. 어떤 사람들은 까치들 덕분에 궤짝을 열고 나왔다고 해서 '까치 작' 자에 들어 있는 '석' 자로 성을 삼았다고 하기도 해. '탈해'라는 이름은 알을 벗고 궤짝을 풀고 나왔다고 해서 '벗을 탈'과 '풀해' 자를 써서 그렇게 지었다는 말도 있지.

 탈해왕은 23년 동안 신라를 다스리다가 죽었는데, 장사 지낼 때 사람들이 소천 언덕에 무덤을 만들려고 했어. 그런데 탈해왕의 신령이 나타나서,

 "내 뼈를 함부로 땅에 묻지 말라."

고 하더래. 시체를 보니 머리뼈 둘레가 석 자 두 치나 되고 몸뚱이뼈 길이는 아홉 자 일곱 치나 되더라는 거야. 게다가 이빨은 모두 엉겨붙어 하나처럼 보이고, 뼈마디는 모두 튼튼하게 이어져 있더래. 천하에 둘도 없는 장사의 뼈지.

 사람들은 궁리 끝에 그 뼈를 잘게 부수어 가루로

만든 다음 반죽을 해서 탈해왕의 상을 만들었어.
왕이 살아 있을 때 모양과 똑같이 만들어서 대궐
안에 모셔 뒀지. 그 뒤에 신령이 또 나타나서,
 "내 뼈를 토함산에 두어라."
고 하기에, 사람들이 그 말을 따라 토함산에 묻었대.

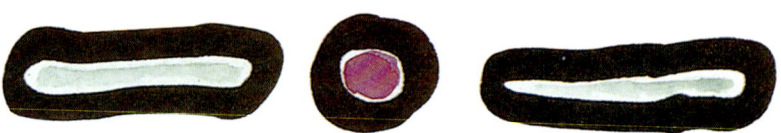

햇빛과 달빛을 되살린 연오랑 세오녀

옛날 신라의 여덟째 임금 아달라왕 때 일이야. 동해 바닷가에 연오랑과 세오녀라는 부부가 살았어.

하루는 남편 연오랑이 바다에 나가 미역을 따는데, 난데없이 커다란 바윗돌이 물에 둥둥 떠 오더래. 그러더니 연오랑을 태우고는 어디론가 가는 거야. 한참 동안 바다 위를 둥둥 떠가서, 드디어 바윗돌이 다다른 곳은 일본 땅이었어.

일본 사람들이 연오랑을 보고는,
"이분은 보통 사람이 아니다."
하고는 여럿이 떠받들어 왕으로 모셨지.

이때 고향에서는 세오녀가 집에서 남편을 기다리다가, 밤이 늦어도 안 오니까 찾으러 나섰어. 바닷가에 나가 이리저리 찾다 보니 커다란 바윗돌이 하나 있는데, 그 앞에 남편 신발이 놓여 있거든. 그래서 그 바위 위에 올라가 봤지. 그랬더니 바위는 연오랑 때처럼 세오녀를 태우고 또 어디론가 가는 거야. 한참 동안 바다 위를 둥둥 떠가서, 얼마 뒤에 일본 땅에 닿았어.

 일본 사람들이 세오녀를 보고 놀랍고 이상하게 여겨 왕에게 아뢰었지. 연오랑은 세오녀를 맞아 왕후로 삼았어.

 그런데 이때 신라에서는 이상한 일이 일어났네. 하늘에 있는 해와 달이 그 빛을 잃고 점점 희미해지는 거야. 천문 보는 벼슬아치가 왕에게 아뢰기를,

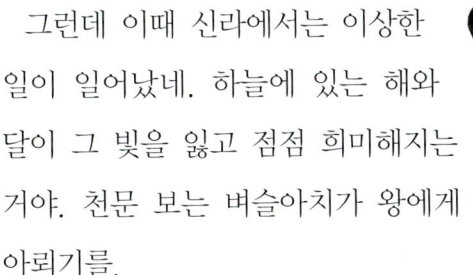

 "본디 우리나라에 있던 해와 달의 정기가 일본으로 가 버려서 이런 일이 생긴 것입니다."
하거든. 해와 달의 정기라는 게 곧 연오랑과 세오녀를 말하는 거지.

 왕이 곧 사신을 일본으로 보내 연오랑과 세오녀더러 얼른 신라로 돌아와 달라고 청했어. 연오랑은 사신의 말을 듣고 나서,

 "내가 이 나라에 온 것은 하늘이 시킨 일입니다.

이제 와서 어찌 돌아가겠습니까? 마침 내 아내가 짜 놓은 고운 비단이 있으니, 이것을 가지고 가서 하늘에 제사를 지내면 좋은 일이 생길 것입니다."
하고는 비단을 내줬어.

  사신은 비단을 가지고 신라로 돌아와 왕에게 그대로 아뢰었지. 그리고 연오랑이 시킨 대로 비단을 제물 삼아 하늘에 제사를 지냈어. 그랬더니 과연 햇빛과 달빛이 전에처럼 도로 밝아지더래.

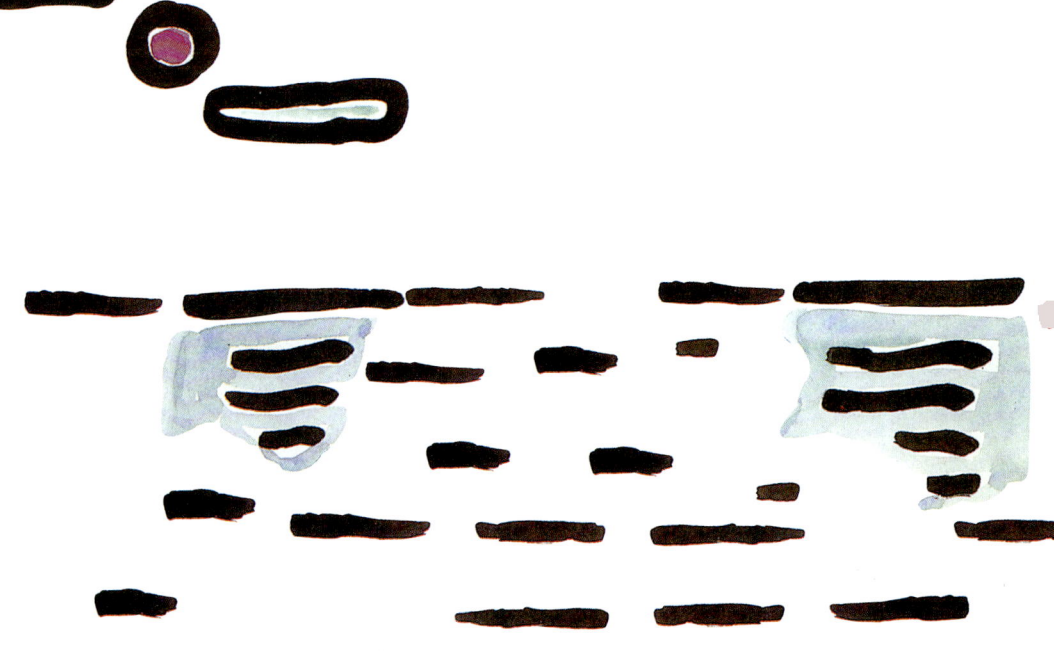

왕은 그 비단을 귀히 여겨 궁궐 창고에 고이 모셔 두고 나라의 보물로 삼았는데, 그 창고 이름을 '귀비고'라 했지. 귀한 왕후의 선물을 모신 창고라는 뜻이야. 그리고 하늘에 제사지낸 곳을 해를 맞이한다는 뜻으로 '영일현' 또는 큰 제사를 지낸 들이라는 뜻으로 '도기야'라고 했단다.

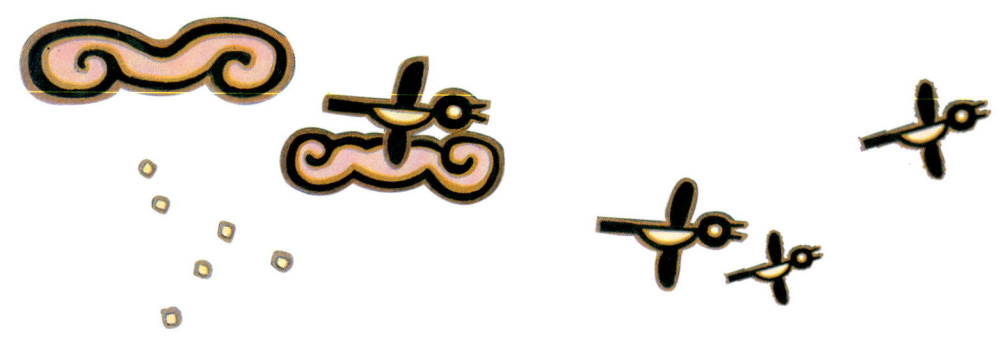

왕자를 구한 충신
김제상[*]

[*] 같은 인물이 『삼국사기』에는 박제상으로 나온다.

신라 열일곱째 임금 나밀왕 때 이런 일이 있었어. 바다 건너 일본왕이 신라에 사신을 보내 말하기를,

"우리 임금이 신라 대왕께서 신성하시다는 말을 듣고, 저희들에게 명하여 백제가 지은 죄를 대왕께 아뢰라고 하였습니다. 원컨대 대왕께서는 왕자 한 사람을 일본으로 보내 우리 임금에게 성의를 보여 주십시오."

하거든. 이게 무슨 말이냐 하면, 저희들이 백제를 멀리하고 신라를 섬길 테니 그 대가로 왕자를 보내 다른 마음이 없다는 걸 보여 달라는 거지. 이에 나밀왕은 셋째아들 미해를 일본에 보냈어. 이때 미해는 나이가 겨우 열 살이었거든. 그러니 말이나 행동이 아직 서투를 수밖에. 그래서 박사람이라는 신하 한 사람을 딸려 보냈어.

그랬더니 일본왕은 미해를 딱 붙잡아 두고 돌려보내지 않는 거야. 얼마 동안이나 그랬는고 하니 삼십 년 동안이나 붙잡아 두고 안 돌려보내더란 말이야.

이러구러 나밀왕이 죽고 그 아들 눌지왕이 왕의 자리에 올랐는데, 이번에는 고구려의 장수왕이 사신을 보냈어. 사신을 보

내 뭐라고 하는고 하니,

"우리 임금이 대왕의 아우 보해가 슬기롭고 재주 있다는 말을 듣고, 친하게 지내고 싶어서 저희를 보내 청하도록 하였습니다."

이러거든. 눌지왕은 이 기회에 고구려와 친하게 지낼 수 있으면 좋겠다 싶어서 그 아우 보해를 고구려에 보냈어. 이번에는 김무알이라는 신하를 딸려 보냈지. 그런데 장수왕 또한 보해를 잡아 두고 영영 돌려보내지 않는 거야. 신라에서는 한꺼번에 두 왕자를 잃은 셈이지.

몇 해 뒤에 눌지왕이 여러 신하와 나라 안의 호걸들을 불러 모아 큰 잔치를 열게 됐어. 술잔이 서너 번 돌고 여러 악기가 풍악을 울릴 때쯤, 왕이 눈물을 흘리면서 여러 신하에게 말을 꺼내는데,

"전에 우리 아버님은 오로지 백성을 위해 사랑하는 아들을 동쪽나라 일본으로 보내셨는데, 끝내 만나지 못하고 돌아가셨소. 이제 내가 왕의 자리에 오른 뒤로 이웃 나라 군사들의 힘이 드세어 싸움이 그치지 않았는데, 오직 고구려가 사이좋게 지내자고 하기에 그 말만 믿고 내 아우를 고구려에 보냈더니 또한 붙들어 놓고 보내지를 않

는구려. 내가 비록 왕의 자리에 앉아 있지마는 어찌 하루라도 이 일을 잊어버리는 날이 있으며, 울지 않은 날이 있었으리오. 만일 두 아우를 다시 만나 함께 아버님 무덤에 절이라도 올릴 수 있다면 그 얼마나 기쁘겠소? 그렇게만 된다면 나는 반드시 그 은혜를 갚을 것이오. 누가 두 아우를 데려올 수 있겠소?"
이러거든.

이 말을 듣고 여러 신하가 입을 모아 아뢰었어.

"그 일은 결코 쉬운 일이 아닙니다. 반드시 슬기롭고 용맹스러운 사람이라야 할 수 있을 것인데, 삽라군 태수 김제상이라면 될 듯도 싶습니다."

왕은 곧 제상을 불러 그 뜻을 물어봤지. 제상은 공손하게 절하고 나서 맹세를 했어.

"신은 일찍이 '임금에게 근심이 있으면 신하가 욕을 봐야 하고, 임금이 욕을 보면 신하는 마땅히 죽어야 한다.'는 말을 들었습니다. 이런 일을 하는데 만일 어렵고 쉬운 것을 따진다면 충성스럽지 못한 일이요, 죽고 사는 것을 따진다

면 용맹스럽지 못한 일일 것입니다. 신이 비록 어리석으나 대왕의 명령을 받들어 두 왕자를 구해 오겠습니다."

왕은 매우 고맙고 대견하게 여겨 술을 나누어 마신 뒤에 손을 잡고 흔들며 제상과 하직인사를 했어.

제상은 왕의 명령을 받고 곧바로 북쪽 바다로 달려갔지. 배를 타고 바닷길을 지나 변장을 한 채 고구려로 들어갔어. 남몰래 보해 왕자가 있는 곳을 찾아가서, 함께 의논하여 도망갈 날짜를 잡았지. 그리고 나서 혼자 고성 포구에 미리 가서 배를 대고 기다렸어.

보해는 도망가기로 약속한 날이 다가오자 몸이 아프다는 핑계를 대고 왕이 베푸는 조회에 나가지 않았어. 그러다가 약속한 날 한밤중에 드디어 가만히 몸을 빼내어 고성 포구로 도망을 쳤지. 그제야 고구려왕은 보해가 도망친 것을 알고 군사 몇십 명을 풀어 뒤쫓게 했어. 고구려 군사들이 말을 달려 고성 포구에 이르자 드디어 보해를 따라잡게 됐지.

그런데 보해가 고구려에 있는 동안 늘 가까이 있는 사람들에게 은혜를 많이 베풀었거든. 뒤쫓아

온 군사들도 다 은혜를 입은 사람들인지라, 보해를 불쌍하게 여기는 마음이 있었어. 그래서 일부러 화살촉을 다 뽑아내 버리고 거짓 활을 쐈지. 그 덕분에 보해는 무사히 배를 타고 신라로 돌아오게 됐단다.

눌지왕은 오랜만에 보해를 만나고 보니 반갑기는 한데, 그럴수록 미해 생각이 더 나는 거야. 보해를 만나 한편으로는 기쁘고, 미해를 아직 못 만나 한편으로는 슬프고, 이런 마음이지. 그래서 눈물을 흘리며 말을 했어.

"지금 내 심정이 마치 몸뚱이에 팔이 하나만 있고, 얼굴에 눈이 하나만 있는 것 같소이다. 아우 하나는 얻었지만 하나는 아직 없으니 어찌 슬프지 않겠소?"

제상은 왕의 말을 듣자마자 두 번 절하여 하직인사를 한 뒤에 또 말을 타고 떠났어. 집에도 들르지 않고 곧바로 율포 바닷가로 나갔지. 제상의 아내가 이 소문을 듣고 말을 달려 율포 바닷가로 가 보니, 이미 남편은 배에 올라 있더래. 애타게 남편을 불러 봤지만, 제상은 손만 한 번 흔들어 보일 뿐 배를 멈추지 않더라는 거야.

제상은 일본에 이르자 거짓으로 소문을 퍼뜨렸어.

"신라왕이 아무 죄도 없는 우리 식구들을 죽였기에 이곳까지 도망쳐 왔다."

일본왕이 그 말을 곧이듣고는 제상에게 집을 마련해서 살게 해 줬어.

그때부터 제상은 늘 미해를 모시고 바닷가에 나가 놀면서 고기와 새들을 잡으며 세월을 보냈어. 그때마다 잡은 것을 일본왕에게 바치니, 왕은 아주 기뻐하면서 조금도 의심하지 않았지.

하루는 바닷가에 안개가 자욱하게 끼자 제상이 미해더러 가만히 말했어.

"이제 도망가실 때가 됐습니다. 어서 떠나십시오."

"그러면 나와 함께 갑시다."

"만일 제가 간다면 일본 사람들이 틀림없이 눈치채고 뒤쫓을 것입니다. 저는 여기에 남아 저들이 뒤쫓지 못하게 하겠습니다."

"내가 그대를 한 식구처럼 여기고 의지했는데, 어찌 그대를 버리고 나 혼자 간단 말이오?"

"저는 왕자님의 목숨을 구해서 우리 대왕의 마음을 위로해 드릴 수만 있다면 그것으로 족합니다. 어찌 살기를 바라겠습니까?"

말을 마치자 제상은 술 한 잔을 미해에게 바쳐 하직인사를 하고서 어서 떠나기를 재촉했어. 미해가 마지못해 배를 타고 떠날 때, 제상은 때마침 일본에 와 있던 신라 사람 강구려를 딸려 보냈지.

미해가 떠난 뒤에 제상은 곧바로 미해의 방에 들어가 있었어. 이튿날 아침에 미해를 모시는 일본 사람들이 방에 들어가려 하자 제상이,

"왕자님은 어제 사냥을 하느라 몹시 지쳐 아직 일어나지 못하셨소."

하면서 이들을 막았어.

그런데 날이 저물 때까지 미해 방에서는 아무런 기척이 없거든. 그러니 일본 사람들이 수상하게 여기고 또다시 물을 것 아니야? 제상은 그때쯤이면 미해 왕자가 이미 멀리 도망쳐서 따라잡을 수 없다는 걸 알고 바른 대로 말했어.

"왕자님은 벌써 떠난 지 오래요."

사람들이 달려가 이 사실을 일본왕에게 일러바쳤지. 왕은 곧장 병사들을 시켜 미해를 뒤쫓게 했어. 하지만 이미 멀리 가 버린 뒤인데 잡힐 리가 있나.

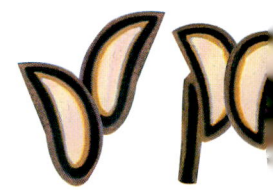

일본왕은 화가 나서 곧 제상을 옥에 가두고 문초를 했어.

"너는 어째서 왕자를 몰래 너희 나라로 보냈느냐?"

"나는 신라의 신하이지 일본의 신하가 아니다. 우리 대왕의 소원을 이루어 드리려고 한 일인데 구태여 당신에게 무슨 말을 하겠는가?"

그 말을 듣고 일본왕은 더 크게 성을 내어 말했어.

"너는 이미 내 신하가 되지 않았느냐? 그러고도 신라의 신하라고 하니 내 마땅히 갖은 형벌로 다스릴 것이다. 그렇지만, 만일 이제라도 네가 일본의 신하라고만 하면 높은 벼슬과 재물로 상을 주겠다."

"차라리 신라의 개와 돼지가 될지언정 일본의 신하는 될 수 없으며, 차라리 신라의 매를 맞을지언정 일본의 벼슬과 재물은 받을 수 없다."

일본왕이 화를 머리끝

까지 내어 제상의 발바닥 가죽을 벗기고, 그걸로
도 모자라 갈대를 베어 놓고 그 위를 걷게 했어. 그
러고 나서 또 물었지.

"너는 어느 나라 신하냐?"

"신라의 신하다."

이번에는 뜨겁게 달군 쇠 위에 올라서게 하고 나
서 물었어.

"너는 어느 나라 신하냐?"

"신라의 신하다."

왕은 도저히 굴복시킬 수 없다고 여기고, 제상을
목도라는 섬에 데려다가 불에 태워 죽였어.

이때 미해는 무사히 바다를 건너 신라로 돌아왔
어. 뭍에 닿자마자 함께 간 강구려를 시켜 자기가
돌아왔다는 것을 나라에 알렸지. 눌지왕은 놀라고
기뻐하면서 여러 신하를 굴헐역에 보내 마중하게
하고, 자기도 친히 아우 보해와 함께 남쪽 마을에
나가서 미해를 맞이했어. 그리고 함께 궁궐로 돌
아가 큰 잔치를 베풀었지. 온 나라에 명령하여 죄
짓고 옥에 갇힌 사람들을 다 풀어 주고, 제상의
아내에게는 국대부인이라는 벼슬을 내렸어. 또
제상의 딸을 미해 왕자의 부인으로 맞아들였지.

소문을 들은 사람들은 이렇게 말했어.

"옛날 중국 한나라에 주가라는 사람이 형양에서 초나라의 포로가 됐을 때, 초나라 장수 항우가 높은 벼슬을 주겠다며 꾀었지만 끝까지 굴복하지 않아 끝내 초나라 왕에게 죽임을 당했다는데, 제상의 충성이 주가보다 나을 것이다."

처음에 제상이 일본으로 떠나갈 때 그 아내가 뒤쫓아 갔다가 끝내 만나지 못한 일이 있었잖아. 그때 아내가 망덕사 대문 남쪽 모래밭에 주저앉아 오랫동안 울부짖었다는데, 그 때문에 '오랫동안'이라는 뜻을 넣어 이 모래밭을 '장사'라고 했대. 또, 그때 친척 두 사람이 양쪽 겨드랑이를 부축해서 데려오려고 했지마는 아내는 다리를 펴고 앉아 일어서지 않았다는데, 그 때문에 이곳을 '벌지지'라고 했다는 거야.

얼마 뒤에 제상의 아내는 남편을 그리워하는 마음을 이기지 못하고, 세 딸과 함께 치술령이라는 고개에 올라가 일본을 바라보며 슬피 울다가 끝내 죽고 말았대. 사람들은 그 아내의 혼령이 치술령을 지킨다고 해서 '치술신모'라 부르며 모셨는데, 지금도 그를 모시는 당집이 있다고 해.

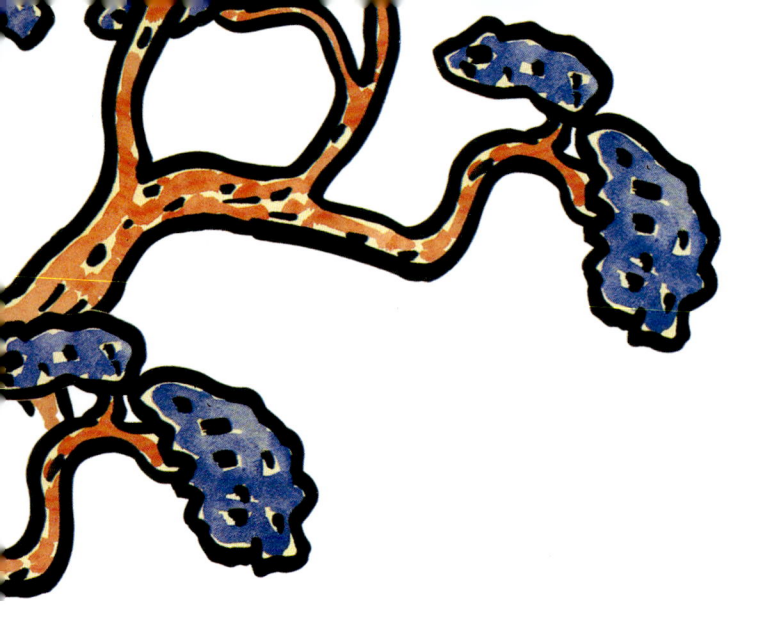

거인 지철로왕

신라 스물두 번째 임금 지철로왕 이야기를 하지. 이 왕의 성은 김씨이고, 이름은 '지대로'라고도 하고 '지도로'라고도 했어. 왕이 죽은 뒤에 붙이는 시호가 '지증'이어서 지증왕이라고도 하지. 아무튼 이때부터 시호 붙이는 일이 시작됐다고 해. 옛날 신라말로 왕을 부를 때 '마립간'이라고 한 것도 이때부터라는 말이 있어.

 지철로왕은 몸집이 참 컸대. 커도 예사로 큰 게 아니라 정말 어마어마하게 커서, 장가갈 나이가 됐는데도 장가를 못 갔어. 도무지 몸집이 비슷한 처녀를 구할 수가 없었던 거지.

궁리 끝에 왕은 온 나라에 사람을 풀어 몸집 큰 처녀를 찾아보라고 일렀어. 이때 한 사신이 몸집 큰 처녀를 찾아 돌아다니다가 모량부라는 마을에 이르렀거든. 그 마을 동로수 나무 아래를 지나다가, 개 두 마리가 커다란 똥덩어리를 물고 있는 걸 봤어. 똥덩어리가 어찌나 큰지 둥둥 소리 내는 북만한데, 개들이 그 양쪽 끝을 물고서 다투어 가며 먹고 있더라는 거야.

이만한 똥을 누는 사람이라면 몸집도 클 것이라 여기고 사신이 마을 사람들한테 물어봤어. 그랬더니 한 계집아이가 말하기를,

"그 똥은 우리 마을 촌장님 딸이 여기서 빨래를 하다가 숲속에 들어가 누고 간 것입니다."
하거든. 촌장의 집을 찾아가 가만히 살펴보니, 과연 그 딸은 몸집이 어머어마하게 커서 키가 자그마치 일곱 자 다섯 치나 되더래.

사신이 궁궐에 돌아와 왕에게 이 일을 자세하게 아뢰었어. 왕은 곧 수레를 보내 그 처녀를 궁궐로 맞아들였지. 그리고 곧바로 혼인을 해서 왕후로 삼았어. 여러 신하가 다 기뻐하면서 축하했다고 해.

또 지철로왕 때 있었던 일인데, 이슬라주 동해바닷가에서 바람을 타고 이틀쯤 가면 우릉도라는 섬이 있거든. 이 섬은 둘레가 자그마치 이만 육천칠백삼십 걸음이나 된대. 아무튼 섬에 사는 사람들이 바닷물이 깊은 것만 믿고 거만하게 굴면서 왕에게 마구 대들었던가 봐. 이에 왕이 이찬 벼슬하는 박이종에게 명하여 군대를 이끌고 가서 토벌하라 했어.

이종은 꾀를 내어 나무로 사자 모양을 만들어 큰 배에 싣고 갔지. 가서 섬사람들에게 을러댔어.

"항복하지 않으면 당장 이 짐승을 풀어놓겠다."

섬사람들은 그 나무사자가 두려워서 싸워 보지

도 않고 항복을 했대. 지철로왕은 이종에게 상을 내려 그 고을의 우두머리로 삼았다는 거야.

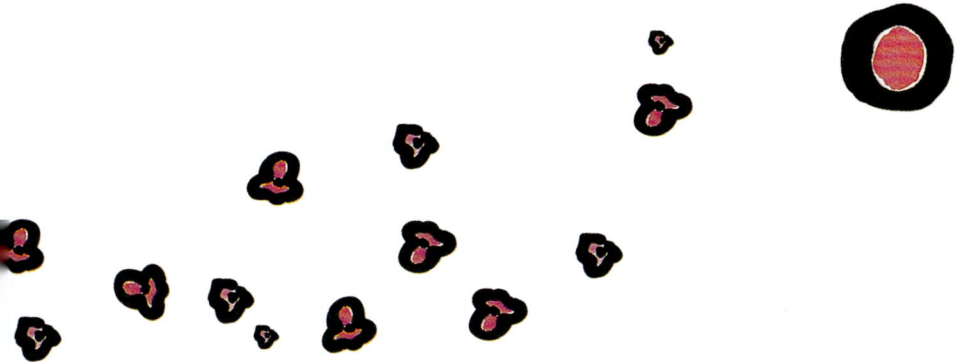

귀신을 부린 비형랑

신라 스물다섯째 임금 사륜왕 때 이야기야. 사륜왕의 성은 김씨로서 시호를 진지대왕이라고 했고, 왕후는 기오공의 딸 지도부인이었어. 이이가 왕의 자리에 오른 지 네 해 만에 술과 여자에 빠져 나랏일을 돌보지 않으니 세상이 크게 어지러워졌지. 그래 보다 못한 신하들이 왕을 쫓아냈어.

이건 진지왕이 쫓겨나기 전의 일인데, 사량부 마을에 아주 아리따운 아낙이 살고 있었어. 마을 사람들은 그 여자가 복사꽃처럼 곱다고 해서 이름을 '도화'라고 했지. 진지왕이 이 소문을 듣고 도화를 궁궐로 불러들여 후궁으로 삼으려 했어. 이때 도화가 왕에게 말하기를,

"여자는 모름지기 두 남편을 섬기지 않는 법입니다. 제가 이미 남편이 있는데 또 어찌 다른 데로 시집을 가겠습니까? 아무리 위엄 있는 임금님이라도 저의 뜻을 빼앗지는 못할 것입니다."

이랬지. 그래 왕이 다시 물었어.

"내가 만일 너를 죽인다면 어찌하겠느냐?"

"차라리 저잣거리에서 목이 베여 죽을지언정 마음이 바뀌지는 않을 것입니다."

왕이 놀리는 말로 다시 물었어.

"만일 남편이 없다면 내 아내가 될 수 있겠는가?"

"그렇다면 될 수 있습니다."

그래서 왕은 도화를 내보내 줬지. 그런 뒤에 곧 왕이 쫓겨났고, 또 얼마 지나지 않아 병들어 죽었어. 그로부터 이 년이 지나 도화의 남편도 세상을 떠났지.

남편이 죽은 지 열흘이 지난 어느 날 밤에, 갑자기 왕이 생시와 똑같은 모습으로 도화 앞에 나타났더래.

"네가 오래전에 나에게 약속을 하지 않았느냐? 이제 남편이 없으니 내 아내가 될 수 있겠지?"

도화는 마음을 정하지 못하고 망설이다가 부모님한테 가서 물었어. 일이 이만저만하게 됐는데 어찌하면 좋겠느냐고 말이야. 부모가 그 말을 듣더니,

"임금님과 약속한 것을 어찌 어기겠느냐?"

하고서 도화를 왕이 있는 방에 들여보냈어.

그날부터 이레 동안 왕이 그 집에 머물렀는데, 그동안 늘 오색구름이 지붕을 덮고 향기가 온 집안

에 가득하더래. 이레가 지난 뒤에 왕은 갑자기 자취를 감추더니 다시 나타나지 않더래.

  도화는 곧 아기를 가졌고, 달이 차서 드디어 아이 낳을 때가 됐어. 그러자 하늘과 땅이 울리고 곧 사내아이를 낳았는데, 이름을 '비형'이라 했지.

  진평대왕이 이 신기한 소문을 듣고 비형을 궁궐에 데려다가 길렀어. 그리고 나이 열다섯 살이 되자 집사 벼슬을 내렸지.

  그런데 비형은 밤마다 궁궐 담을 넘어 나가서 밤새도록 놀다 오는 거야. 왕이 날랜 군사 쉰 명을 시켜서 지켰지만 비형을 막을 수는 없었대. 밤마다 성을 넘어 서쪽 황천 언덕에 가서 노는데, 그때마다 귀신들을 많이 데리고 놀더래. 왕의 명령을 받고 몰래 뒤따라간 군사들이 숲속에 숨어서 지켜보니, 귀신들이 밤새 놀다가 절에서 새벽 종소리가 울리면 뿔뿔이 흩어지는 거야. 그러면 비형도 귀신들과 헤어져 궁궐로 돌아오는 거

지. 군사들이 이 사실을 왕에게 아뢰니, 왕이 비형을 불러서 물었어.

"네가 밤마다 귀신들을 데리고 논다는 게 사실이냐?"

"그렇습니다."

왕이 시험 삼아 명령을 했어.

"그러면, 네가 귀신들을 부려서 신원사 북쪽 개울에 다리를 놓도록 하여라."

비형이 왕의 명령을 듣고, 그날 밤 귀신들을 부려 돌을 다듬고 날라서 하룻밤 사이에 큰 다리를 놓아. 사람들은 귀신이 놓았다고 해서 그 다리 이름을 '귀신다리'라 했지.

하루는 왕이 또 비형을 불러 물었어.

"귀신들 중에 인간 세상에 나와 나랏일을 도울 만한 이가 있느냐?"

"예, 길달이라는 귀신이 충직해서 그럴 만합니다."

왕이 길달을 데려오라고 하니, 아니나다를까 이튿날 길달이 비형과 함께 궁궐에 나타났더래. 왕이 길달에게 집사 벼슬을 주어 나랏일을 보게 했어. 과연 길달은 충직하기가 세상에 둘도 없을 만큼이더래.

그때 각간 벼슬하는 임종이 아들이 없어서 걱정하는 것을 알고, 왕이 길달을 임종의 양아들로 삼게 했어. 임종이 길달을 시켜 흥륜사 남쪽에 다락문을 세우게 했더니, 길달은 다락문을 세워 놓고서 밤마다 그 다락문 위에 올라가서 잠을 자더래. 그래서 사람들은 그 다락문을 일러 '길달문'이라고 했지.

그러다가 하루는 길달이 여우로 둔갑해서 도망쳐 버렸어. 비형은 곧 다른 귀신들을 부려 길달을 잡아 장대에 매달아 버렸지. 그 일이 있은 뒤로 귀신들이 비형의 이름만 들어도 겁을 먹고 달아나게 됐어. 그때 사람들이 이런 노래를 지어 불렀단다.

"성스러운 임금의 넋이 아들을 낳았으니
비형랑의 집이 바로 여기일세.
날고뛰는 온갖 귀신들아
이곳에는 함부로 들어오지 마라."
이런 글을 써 붙여 귀신을 쫓는 풍습이 이때부터 생겼다고 해.

세 가지 일을 미리 안 선덕여왕

신라 스물일곱째 임금 덕만은 시호가 선덕여대왕이야. 성은 김씨이고 진평왕의 딸로서 아버지의 뒤를 이어 열여섯 해 동안 신라를 다스렸어. 선덕여왕이 일찍이 신묘하게 알아맞힌 일이 세 가지 있대. 이제 그 이야기를 하지.

첫째는 당나라 임금 태종이 신라에 선물을 보낸 적이 있는데, 그게 뭔고 하니 꽃그림 한 폭과 꽃씨 서 되였어. 꽃그림은 붉은빛과 자줏빛과 흰빛으로 된 모란꽃 그림이었는데, 선덕여왕이 그 꽃그림을 가만히 들여다보더니,

"이 꽃에는 반드시 향기가 없을 것이오."

하면서 뜰에 심어 보라고 하거든. 신하들이 그 말 대로 뜰에 꽃씨를 심었어. 꽃이 피고 질 때까지 기다려 봤더니, 과연 왕의 말대로 꽃에 향기가 없더라는 거야.

둘째는 한겨울에 영묘사 옥문지라는 연못에서 개구리들이 한 사나흘 동안 울어댄 적이 있었어. 한겨울에 개구리가 울다니, 나라 사람들이 이건 분명 괴이한 일이라고 여기고 왕에게 아뢰었지. 왕은 잠깐 생각하더니 서둘러 알천과 필탄 두 장수를 불러서,

"지금 당장 날랜 군사 천 명씩을 뽑아 서쪽 교외로 가시오. 여근곡이라는 골짜기를 찾아가 보면 반드시 적병이 숨어 있을 터이니 습격하여 무찌르고 오시오."

하거든. 두 장수가 그 말대로 각각 군사 천 명씩을 거느리고 서쪽 교외로 갔지. 가서 찾아본즉 과연 부산이라는 산 아래에 여근곡이라는 골짜기가 있더래. 거기 가서 가만히 살펴보니, 아니나다를까 백제 군사 오백 명이 골짜기 안에 숨어 있지 뭐야. 둘러싸고 습격해서 다 무찔렀지. 또 백제 장군 우소가 남산 고갯마루 바윗돌 뒤에 숨어 있는 것을 찾아내어 에워싸고 활을 쏘아 쓰러뜨리고, 뒤에 구원하러 온 군사 일천이백 명도 다 물리쳤다는 거야.

셋째는 왕이 아직 아무런 병도 없을 때에 여러 신하에게 말하기를,

"내가 아무 해 아무 달 아무 날에 죽을 것이니, 내가 죽거든 도리천 가운데 묻어 주시오."

했다거든. 신하들이 모두 이상하게 여기고,

"도리천이 어디입니까?"

하고 물으니,

"낭산 남쪽이 도리천이오."

하더래. 나중에 왕이 말한 바로 그해 그달 그날이 되자 과연 왕이 죽더라는 거야. 신하들이 유언을 지켜 낭산 남쪽 양지바른 곳에 장사 지냈지.

그러고 나서 십 년이 지난 뒤에 문무왕이 선덕여왕의 무덤 밑에 사천왕사라는 절을 지었거든. 불경에 보면 '사천왕 하늘 위에 도리천이 있다.'고 했으니, 딱 그 말대로 됐지 뭐야. 이만하면 선덕여왕이 신령스럽고 거룩한 것을 알 테지.

왕이 살아 있을 때 여러 신하가 물었어.

"어떻게 하여 모란꽃에 향기가 없음을 아셨습니까? 또, 개구리 우는 것을 보고 적군이 쳐들어왔다는 것을 어찌 아셨습니까?"

"그 꽃그림에 나비가 없었소. 꽃을 그리면서 나비를 아니 그렸으니 향기가 없다는 뜻이 아니고 무엇이겠소? 이는 당나라 임금이 내가 배필 없이 혼자 지내는 것을 놀리려고 그랬음이 분명하오. 또 개구리는 성낸 꼴을 하고 있으니 반드시 군사의 모습이고, 옥문지와 여근곡은 다 여자를 가리키는 것이오. 여자는 음이요 그 빛은 흰빛이니 이는 곧 서쪽 방향을 나타내는 게 아니겠소? 그래서 나는 적군이 서쪽 여근곡에 숨어 있음을 알았지요."
 그제야 사람들은 모두 왕의 신묘한 슬기에 탄복했단다.

 당나라 임금 태종이 꽃그림을 보낼 때 세 가지 색깔로 그려 보낸 것은 무슨 뜻일까? 혹 신라에 여왕이 세 사람 날 것을 알고 그랬을까? 신라에 선덕, 진덕, 진성, 이렇게 세 여왕이 났으니, 당나라 임금도 앞날을 살피는 총명함이 있었단 말인가?
 선덕여왕이 영묘사를 지은 내력은 양지스님 전기에 자세하게 실려 있다고 해. 다른 기록을 보면 이 왕 시절에 돌을 다듬어 첨성대를 쌓았다고도 하지.

세 신령의 도움으로
목숨을 구한
김유신

옛날 신라에서 무력 벼슬을 하던 이간의 아들이 서현이고, 각간 벼슬을 하던 서현의 맏아들이 김유신이야. 유신의 아우는 흠순이라 했지. 유신한테는 누이동생이 둘 있었는데 맏이는 보희, 아우는 문희라 했어. 보희는 아이 때 이름을 '아해'라고 했고, 문희는 아이 때 이름을 '아지'라고 했대.

유신은 신라 진평왕 때 태어났어. 해와 달과 별의 정기를 타고나서 등에 북두칠성 무늬가 그려져 있었다고 해. 유신한테는 신기하고 이상한 일이 많았다는데, 그 중 하나를 이야기할 테니 한번 들어 봐.

유신은 나이 열여덟 살에 검술을 익혀 화랑이 됐어. 이때 화랑 무리 중에 백석이라는 사람이 있었는데, 어디에서 왔는지 부모가 누군지 이런 건 아무도 몰랐어. 하지만 오랫동안 화랑 무리에 들어 있어서 다들 친하게 지냈지.

유신은 그때 고구려와 백제를 칠 계책을 짜내느라고 밤낮으로 머리를 싸매고 있었는데, 하루는 백석이 와서 은근히 말하기를,

"내가 청하고 싶은 것이 있습니다. 저와 함께 고구려에 몰래 들어가 그곳 형편을 살핀 다

음에 계책을 마련하는 것이 어떻습니까?"

하거든. 유신은 그 말을 듣고 기뻐하면서 그 말대로 하기로 했어.

그날 밤, 드디어 백석과 유신이 함께 길을 떠나 고구려로 향했지. 가다가 어떤 고갯마루에 이르러 잠깐 쉬고 있는데, 갑자기 어디선가 두 여자가 나타나더니 그때부터 유신의 뒤를 졸졸 따라다니는 거야. 골화천이라는 곳에 이르러 또 잠깐 쉬고 있는데, 갑자기 한 여자가 더 나타나더래. 이렇게 해서 세 여자가 유신과 더불어 함께 쉬게 됐지. 쉴 때에 여자들이 어디서 가지고 왔는지 맛있는 과일을 내놓기에 잘 먹기도 했어. 그러는 사이에 서로 친해져서 속마음까지 터놓고 많은 이야기를 나누게 됐지. 유신은 무슨 일로 백석과 함께 고구려로 가는지, 그 사정을 모두 여자들에게 다 말해 줬어.

그러자 여자들이 가만히 유신에게 말하기를,

"당신이 하는 말은 잘 알아들었습니다. 청컨대 잠깐 백석을 따돌리고 우리와 함께 숲속으로 들어가시면 자세한 내막을 아뢰겠습니다."

이러거든.

유신이 여자들을 따라 숲속으로 들어가니, 갑자기 여자들 모습이 휙 사라지더니 금세 신령의 모습으로 변해서 다시 나타나더래.

"우리는 신라를 돕는 신령으로, 나림·혈례·골화의 세 곳을 지키고 있습니다. 지금 고구려 사람이 당신을 속여 죽을 곳으로 데려가는데, 당신은 아무것도 모르고 따라가고 있으니 참 딱한 일입니다. 우리는 이것을 말리려고 여기까지 따라온 것입니다."

이렇게 말하고는 어디론가 사라져서 간 곳이 없더래.

유신은 깜짝 놀라 엎어지며 자빠지며 절하고 나서 숲에서 나왔어. 잠자는 곳에 돌아온 유신은 백석에게 거짓말로 꾀었지.

"지금 생각하니 아주 중요한 문서를 빠뜨리고 왔소. 나와 함께 집으로 돌아가 문서를 가지고 다시 오는 게 어떻겠소?"

백석은 그 말을 곧이듣고 유신과 함께 집으로 돌아갔어.

집에 돌아가자마자 유신은 백석을 밧줄로 꽁꽁 묶어 놓고 사실을 말하라고 다그쳤지. 드디어 백석

이 사실을 다 털어놓는데, 그 사연이 이래.

"나는 본래 고구려 사람입니다. 우리나라에서 여러 사람이 말하기를 '신라의 김유신은 고구려의 점쟁이 추남이 환생한 사람'이라고 했습니다. 무슨 말인고 하니, 전에 우리나라에 이런 일이 있었습니다. 한번은 변방에서 개울물이 아래쪽에서 위쪽으로 거슬러 흐르는 일이 생겼는데, 이를 수상하게 여긴 왕이 용하다고 이름난 점쟁이 추남을 불러 점을 쳐 보라고 명하였지요. 추남이 점을 쳐 보더니 하는 말이 '왕후께서 음양의 도를 거스르는 짓을 하셨기에 이런 변고가 생긴 것입니다.' 하고 아뢰었습니다. 왕은 크게 놀랐지만 왕후는 성을 내어 왕에게 고하기를 '이는 틀림없이 요사스러운 말입니다. 추남이 거짓을 고하는 듯하니 원컨대 다른 일로 시험해 보십시오. 그리하여 만일 점괘가 틀리면 큰 벌을 내려 주소서.' 하고 빌었습니다. 왕은 왕후의 말을 좇아 드디어 추남을 시험해 보기로 했지요. 쥐 한 마리를 궤짝 속에 감추어

두고 무엇이 들었는지 알아맞히라고 했습니다. 추남은 점을 쳐 보더니 '이것은 틀림없는 쥐요, 마릿수는 모두 여덟 마리입니다.' 하고 아뢰었습니다. 왕은 그 말이 틀렸다고 해서 바로 처형하려고 했습니다. 이때 추남이 맹세하며 말하기를 '내가 죽은 뒤에 반드시 장군이 되어 이 나라를 쳐서 멸할 것입니다.'라고 했습니다. 왕이 추남의 목을 베고 나서 궤짝을 열어 보니, 놀랍게도 그 사이에 쥐가 새끼 일곱 마리를 낳았지 뭡니까. 쥐는 모두 여덟 마리였고, 추남의 점괘는 맞았던 것입니다. 그날 밤 왕의 꿈속에 추남이 나타나 신라 각간 서현의 부인 품속으로 들어가더랍니다. 왕이 꿈 이야기를 여러 신하에게 했더니 다들 '추남이 맹세하고 죽더니 서현의 아들로 다시 태어나려나 봅니다.' 하고 아뢰었지요. 이런 사연으로 왕이 나를 신라에 보내 그대를 꾀어내려 한 것입니다."

김유신은 백석을 처형한 뒤에 온갖 음식을 마련하여 세 신령에게 제사를 올렸어. 그랬더니 세 신령이 모두 사람 모습으로 나타나 제사 음식을 잘 받아먹더라는 거야.

그 뒤에 김유신의 집안에서 재매부인이 죽으니

청연이라는 연못 위 골짜기에 장사 지냈어. 그래서 그 골짜기 이름을 '재매골'이라고 했지. 해마다 봄철이 되면 온 집안 남녀들이 이 골짜기 남쪽 개울가에 모여 잔치를 벌였대. 그때가 되면 온갖 꽃이 만발하고 송홧가루가 날려 숲속에 가득찼지. 사람들은 그 골짜기 어귀에 작은 절을 짓고 이름을 '송화방'이라고 했는데, 이것이 나중에 김유신의 명복을 비는 절이 됐단다.

신라 쉰네 번째 임금 경명왕 때에는 김유신을 높여서 흥무대왕이라 했는데, 그의 무덤은 서산 모지사 북동쪽 봉우리에 있어.

싸움터에서 평생을 보낸 김춘추

신라 스물아홉째 임금 태종대왕은 성이 김씨이고 이름이 춘추야. 문흥대왕이라고도 불리는 각간 용수의 아들이지. 어머니는 진평대왕의 딸 천명부인이고, 아내는 문명왕후인데 이름은 문희라고 해. 문희는 김유신의 막내 누이동생이지.

일찍이 문희의 언니 보희가 밤에 꿈을 꾸었는데, 서쪽 산에 올라가 오줌을 누었더니 오줌이 서울 성 안을 가득 채워 보이거든. 아침에 일어나 동생 문희한테 꿈 얘기를 했더니, 문희가 듣고서 하는 말이,

"내가 그 꿈을 사겠소."

하거든. 그래서 보희가,

"무엇을 주고 살 테냐?"

했더니,

"비단치마를 주고 사면 어떻겠소?"

하는 거야. 보희가 승낙을 하고 동생에게 꿈을 팔았어. 동생이 치마폭을 펼치고 있으니 언니가,

"간밤에 꾼 꿈을 네게 넘겨주마."

하면서 꿈을 던지는 시늉을 하고, 동생은 얼른 치마폭에 받아 안는 시늉을 했어. 그러고 나서 동생 문희는 비단치마로 값을 치렀지.

그 뒤에 한 열흘쯤 지났는데, 하루는 김춘추가 문희의 오라버니 김유신과 함께 유신의 집 앞에서 공차기 놀이를 했어. 마침 정월 명절이어서 젊은 이들이 공차기 놀이를 많이 했거든. 이때 유신이 공을 차는 척하고 일부러 춘추의 옷고름을 밟아 떼었어. 그래 놓고 청하기를,

"우리 집에 가서 옷고름을 꿰매자."

하면서 춘추를 집으로 데리고 들어갔지. 유신이 먼저 큰 누이동생 보희에게 춘추의 떨어진 옷고름을 꿰매 달라고 했어. 그러자 보희는,

"어찌 이런 하찮은 일로 귀공자에게 함부로 가까이 가란 말이오?"

하면서 나가지 않더래. 그래서 하는 수 없이 작은 누이동생 문희에게 부탁했더니, 문희는 선뜻 나가 춘추의 옷고름을 꿰매 주었어. 이 일이 있은 뒤에 춘추는 유신의 속마음을 알아차리고 문희와 가까이 지내게 됐지. 두 사람이 자주 오가며 만나게 된 거야.

그러다가 한번은 문희가 아이를 배는 일이 생겼어. 그러자 유신이 동생을 불러서, 일부러 온 동네 사람들이 다 듣도록 크게 꾸짖었지.

"네가 어찌 부모님 허락도 없이 아이를 뱄단 말이냐?"

그러고는 누이동생을 곧 불에 태워 죽일 거라고 온 나라에 소문을 퍼뜨렸어.

하루는 선덕왕이 남산에 올라가서 노는 것을 알고, 유신이 마당 가운데 장작을 쌓아 놓고 불을 질렀네. 그러니 연기가 뭉게뭉게 피어올라 멀리서도 다 보일 것 아니야? 선덕왕이 그걸 보고 신하들에게 물었어.

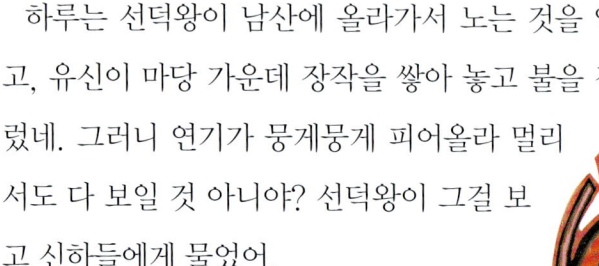
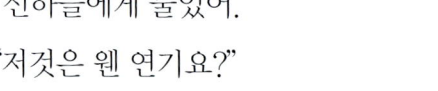

"저것은 웬 연기요?"

"아마도 유신이 누이동생을 태워 죽이려나 봅니다."

"그게 무슨 말이오? 왜 그런 짓을 한다지?"

"유신의 누이동생이 혼인도 안 한 몸으로 아이를 밴 까닭이라 합니다."

"대체 아이를 배게 한 것이 누구 짓이란 말이오?"

왕이 둘레를 돌아보니, 마침 김춘추가 곁에 있다가 낯빛이 달라지며 어쩔 줄을 모르거든. 얼른 눈치를 채고 춘추에게 명령을 했어.

"바로 네 짓이로구나. 빨리 가서 구하지 않고 뭘 하느냐?"

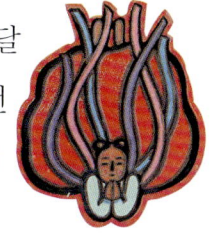

춘추가 왕의 명을 받고 곧 말을 달려 유신의 집에 가서 말렸지. 그런 뒤에 곧 혼례를 치렀어. 이렇게 해서 문희는 춘추의 아내가 된 거야.

진덕왕이 죽자 춘추가 왕의 자리에 올라 여덟 해 동안 신라를 다스렸어. 그러다가 나이 쉰아홉 살에 세상을 떠났지. 신하들이 애공사 동쪽에 장사 지내고 비석을 세웠어.

춘추왕은 유신과 함께 신통한 꾀를 내어 힘으로 삼한을 통일하고 신라에 큰 공을 세워서 나중에 태종이라는 묘호를 얻었지. 아들로는 태자 법민과 인문, 문왕, 노차, 지경, 개원이 있는데 다 문희가 낳은 아들이야. 그 옛날 언니한테서 꿈을 산 효험이 나타난 걸까? 또 다른 아들로 개지문, 차득령, 마득이 있고, 딸까지 합하면 모두 다섯 명이지.

춘추왕은 밥을 많이 먹어서, 하루에 밥쌀 서 말을 먹고 장끼를 아홉 마리씩이나 먹어치웠대. 백제를 멸망시킨 뒤에는 점심을 안 먹고 아침과 저녁만 먹었는데, 그래도 먹은 것을 다 합하면 하루에 쌀 엿 말, 술 엿 말, 꿩 열 마리씩이었다니 대단하지. 이때 서라벌 저자의 물건 값은 베 한 필에 벼가

　서른 석에서 쉰 석이었다는데, 아무튼 백성이 살기는 좋은 시절이었던 모양이야.

　춘추왕이 태자로 있을 때, 고구려를 칠 계책을 세우고 당나라 군사를 청하려고 당나라에 들어간 적이 있었지. 이때 당나라 임금이 춘추의 풍채를 보고 신성한 사람이라고 치켜세우면서 곁에 두려고 하는 걸 억지로 사양하고 돌아온 일도 있었대.

　이때 백제의 마지막 임금 의자왕은 무왕의 맏아들로서, 일찍이 용맹스럽고 담력이 센데다가 부모에게 효성이 지극하고 형제 사이에 우애가 있어 백성이 모두 '동쪽의 증자'라고 떠받들었다고 해. 그런데 왕의 자리에 오르고 나서부터 술과 여자에 빠져서 정치가 어지러워지고 나라가 위태로워졌지. 그래 좌평 벼슬하는 성충이 간곡하게 말렸지만, 의자왕은 듣지 않고 도리어 성충을 옥에 가두어 버렸어. 성충이 옥에 갇혀 바짝 말라 죽어가면서 이런 글을 써서 왕에게 바쳤대.

　"충성스러운 신하는 죽어도 임금을 잊지 못합니다. 한 마디만 아뢰고 죽으려 합니다. 신이 일찍이

시절이 변하는 것을 살펴보니 머지않아 반드시 전쟁이 일어날 듯합니다. 무릇 군사를 움직일 때는 그 지세를 잘 살펴서 움직여야 합니다. 백강의 상류에 자리를 잡고 적을 맞으면 나라를 지킬 수 있을 것입니다. 만일 다른 나라 군사가 오거든 땅으로는 탄현을 넘지 못하게 하고, 물로는 기벌포에 발을 들여놓지 못하게 해야 합니다. 땅모양이 험하고 좁은 곳을 의지해서 적을 막는다면 이길 수 있을 것입니다."

그런데도 왕은 듣지 않았다는 거야.

그때부터 백제 땅에는 흉흉한 일이 자꾸 생겼는데, 한번은 백제 땅에 있는 오회사라는 절에 몸집이 크고 갈기가 붉은 말이 나타나더니 밤낮으로 절을 빙빙 돌다가 가는 일이 있었대. 또 그해 2월에는 여우들이 여러 마리 궁궐 안에 들어와 그 가운데 흰 여우 한 마리가 좌평 벼슬아치 책상에 앉는 일도 있있대. 그해 4월에는 태자궁의 암탉 한 마리가 작은 참새와 짝짓기를 하는 일도 있었고, 5월에는 사비강둑에 길이 석 자나 되는 큰 물고기가 나와 죽었는데 이것을 먹은 사람은 다 죽는 일도 있었대. 또 9월에는 궁궐 안에 있는 홰나무가 마치

사람처럼 울고, 밤에는 궁궐 남쪽 길에서 귀신 울음소리가 들리기도 하더래.

  그 이듬해 봄에는 도성 안 우물물이 핏빛으로 변하였고, 서쪽 바닷가에 작은 물고기가 나와서 죽었는데 어찌나 많이 죽었는지 백성이 다 먹어내지 못했다고 해. 또 사비수 물에 핏빛이 돌기도 했다는 거야. 그해 4월에는 개구리 수만 마리가 나무 위에 모여들고, 도성의 저자 사람들이 마치 누가 붙잡기라도 하는 것처럼 까닭 없이 놀라 달아나다가 엎어져 죽는데, 그렇게 죽은 사람이 백 명이나 되더래. 또 일 없이 재물을 잃어버린 사람이 수도 없이 많더래. 6월에는 왕흥사의 스님들이 커다란 돛단배를 보았는데, 그런 것이 수도 없이 큰물을 따라 절 안으로 들어와서 사라지더래. 또 사슴만한 큰 개가 서쪽에서 달려와 사비수 강가에 이르러 궁궐을 보고 짖다가 갑자기 어디로 갔는지 모르게 되었고, 성안에 수많은 개들이 길바닥에 모여 앉아 더러는 짖고 더러는 울다가 얼마 뒤에는 흩어져 사라지더래. 또 한 귀신이 궁궐 안으로 들어와 '백제가 망한다! 백제가 망

한다!' 하고 크게 소리치고 나서 땅속으로 꺼져 버리더래. 왕이 수상하게 여기고 그 자리를 팠더니, 깊이 석 자 되는 곳에 거북 한 마리가 나왔는데, 그 등에 이런 글이 씌어져 있더래.

백제는 보름달이요
신라는 초승달이라.

왕이 이게 무슨 뜻인지 몰라 점쟁이한테 물어보니 점쟁이가 하는 말이,

"보름달은 달이 다 찼다는 뜻입니다. 다 차면 이지러지게 마련이지요. 초승달은 아직 차지 못했다는 뜻입니다. 아직 차지 못한 것은 점점 부풀어오르게 마련입니다."

이러거든. 왕이 그 말을 듣고 화를 내어 점쟁이를 처형해 버렸어. 이때 다른 신하가 말하기를,

"보름달은 크고 초승달은 작은 것입니다. 아마도 우리 백제는 융성하고 신라는 미약하다는 뜻인가 합니다."

했어. 그 말을 듣고서야 왕은 아주 기뻐하더라는 거야.

춘추왕이 백제 땅에 괴이한 일이 많이 생긴다는 소문을 듣고, 이 틈을 타서 백제를 치려고 당나라에 사신을 보내 군사를 청했어. 이에 당나라 임금 고종이 소정방을 대장으로 삼고 유백영, 풍사귀, 방효공들을 함께 보내 군사 십삼만 명으로 백제를 치려고 나섰지. 신라왕 김춘추도 신라 군사를 거느리고 나섰어.

소정방이 군사를 이끌고 바다를 건너 우리나라 서쪽 덕물도에 이르자, 신라왕 김춘추도 김유신을 시켜 군사 오만 명을 데리고 그곳으로 가게 했어. 백제 의자왕이 이 소식을 듣고 여러 신하를 모아 어떻게 하면 좋을지를 물었지. 이때 좌평 의직이 아뢰었어.

"당나라 군대가 바다를 건너왔지만 아직 물에는 익숙하지 못합니다. 신라군은 큰 나라 군대만 믿고 우리를 업신여기고 있으니, 만일 당나라 군대가 불리해지기만 하면 반드시 겁을 먹고 감히 달려들지 못할 것입니다. 그러니 먼저 당나라 군대와 물에서 맞서 싸우는 것이 옳습니다."

그러자 달솔 상영이 나서서 아뢰었지.

"그렇지 않습니다. 당나라 군대는 멀리서 왔기

때문에 빨리 싸워서 결판을 낼 생각만 하고 있습니다. 그러니 그 기세를 막아내기 어렵습니다. 신라군은 이미 여러 번 우리 군과 싸워서 진 적이 있습니다. 그러니 우리 군이 기세를 올리면 반드시 두려워할 것입니다. 계책이라면 당나라 군대의 길을 막아 병사들이 지치기를 기다리면서 한편으로 신라군을 쳐서 기세를 꺾어 놓은 뒤에, 다시 형편을 보아 가며 힘껏 싸우는 것입니다. 이렇게만 하면 병사를 잃지 않고 나라를 지킬 수 있을 것입니다."

이렇게 신하들이 각각 다른 말을 한단 말이야. 이 말을 들어 보면 이 말이 옳은 것 같고, 저 말을 들어 보면 저 말이 옳은 것 같고, 그래서 왕은 이러지도 저러지도 못하는 처지가 됐어.

이때 마침 좌평 흥수가 죄를 짓고 고마미지라는 곳에서 귀양살이를 하고 있었거든. 왕이 얼른 흥수한테 사람을 보내 물었어.

"일이 매우 위급한데 어찌하면 좋은가?"

흥수가 대답하기를,

"신의 생각은 성충의 생각과 같습니다."

하는 거야. 성충이 전에 옥에 갇혀 왕에게 바친 글을 옳다는 거지. 다른 신하들이 이 말을 듣고는 다 흥수를 의심하면서 다른 말을 내놨어.

"흥수는 귀양살이하는 처지라 왕을 원망하고 나라를 아끼지 않습니다. 그 말은 들을 것이 못 됩니다. 차라리 당나라 군사에게 길을 터 주어 백강으로 들어오게 하면, 물살이 세어서 배를 마음대로 부리지 못할 것입니다. 그러면 배 두 척이 나란히 빠져나가지 못하여 갇히는 꼴이 되겠지요. 또 신라군에게 길을 터 주어 탄현으로 올라오게 하면, 길이 좁아서 말을 마음대로 몰지 못할 것입니다. 그러면 말 두 마리가 나란히 지나가지 못하여 갇히는 꼴이 되겠지요. 이렇게 한 뒤에 우리 군사를 풀어 친다면, 적들은 닭장에 갇힌 닭 꼴이 되고 그물에 걸린 물고기 꼴이 될 것입니다."

왕이 이 말을 그럴듯하게 여기고 그대로 했지. 그런데 백제군이 막아 볼 틈도 없이 당나라군과 신라군은 이미 백강과 탄현을 지나 버렸어.

의자왕은 적군들이 벌써 백강을 건너고 탄현을 지났다는 소식을 듣고, 장군 계백을 시켜 용맹스러운 병사 오천 명을 거느리고 황산 들판에 나가 싸

우게 했어. 계백이 이끄는 군대는 신라군과 죽기를 각오하고 싸운 끝에 네 번 싸워서 네 번 모두 이겼지. 그렇지만 군사는 적고 힘은 달려서 끝내는 지고 말았어. 계백도 이 싸움에서 목숨을 잃었지.

 마침내 신라군은 당나라군과 힘을 합해서 나루터 어귀에 다다라 강가에 진을 쳤어. 그런데 이때 갑자기 새 한 마리가 소정방의 병영 위에 나타나 빙빙 맴을 돌더래. 소정방이 이상하게 여기고 점쟁이더러 점을 쳐 보라 했지. 점쟁이가 점을 쳐 보더니,

 "반드시 장군님이 다칠 징조입니다."

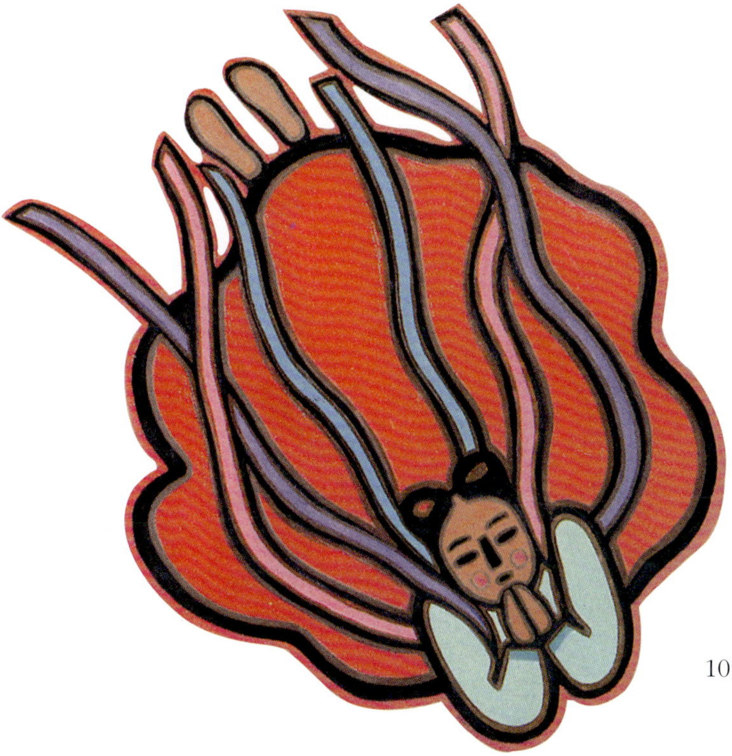

하거든. 소정방이 그 말에 겁을 집어먹고 군사를 거두어들였어. 싸움을 그만두려고 한 거지. 이때 김유신이 나서서,

"어찌 새 한 마리 따위의 요사스러운 일을 가지고 하늘이 주는 기회를 놓친단 말이오? 하늘의 뜻을 받들고 백성의 마음을 따라 불의를 치는데 무슨 상서롭지 못한 일이 있겠소?"
하고서, 칼을 뽑아 새를 겨누어 치니 새가 죽어 땅에 떨어지더래. 그제야 소정방이 힘을 내어 강 왼쪽 기슭으로 나아가 산 밑에 진을 치고 싸웠는데, 백제 군사가 크게 졌어.

 신라군과 당나라군이 밀물을 타고 쳐들어가니 병사의 행렬은 꼬리를 물고 이어졌고, 북소리가 둥둥둥 요란하게 울려 퍼졌지. 소정방은 창 든 병사와 말 탄 병사를 많이 거느리고 백제 도성 삼십 리 밖까지 진격해서 또 진을 쳤어. 성안에서는 백제 군사들이 마지막까지 있는 힘을 다해 싸웠지만, 끝내 당하지 못하고 무너졌지. 이때 죽은 병사가 일만 명이나 된다고 해. 당나라군이 기세를 올리며 성에 다다르니, 의자왕은 이제 가망이 없는 것을 알고 탄식하기를,

"성충의 말을 듣지 않아서 이 지경에 이르렀으니, 뉘우치고 또 뉘우치노라."
하다가, 태자 융과 함께 성을 버리고 북쪽 변방 쪽으로 달아났어.

소정방이 성을 에워싸니, 의자왕의 둘째아들 태가 스스로 왕의 자리에 올라 백성을 이끌고 마지막까지 성을 지키며 싸웠어. 이때 태자 융의 아들 문사가 태를 보고 말하기를,

"왕께서 태자와 함께 성을 나간 사이에 숙부님이 마음대로 왕이 되었으니, 만일 당나라 군사가 물러가기라도 하면 우리가 어찌 목숨을 부지하겠습니까?"

하고서, 자기도 몇몇 부하들과 함께 밧줄을 타고 성 밖으로 도망쳐 버렸어. 그걸 보고 많은 백성도 그 뒤를 따라 도망쳤지만, 태는 뻔히 보면서도 말리지 못했지.

드디어 소정방이 성채에 올라가 당나라 깃발을 올리자, 태는 할 수 없이 성문을 열고 항복을 했어. 미리 도망쳤던 의자왕과 태자 융도 다른 신하들과 함께 항복

할 수밖에 없었지. 이렇게 해서 전쟁이 끝나고, 소정방은 왕과 왕의 식구들, 신하들과 장군 여든여덟 명, 백성 일만 이천팔백일곱 명을 볼모로 잡아 당나라로 보냈다고 해.

당나라 군대가 백제를 치고 돌아간 뒤에 신라의 춘추왕은 여러 장군에게 백제의 남은 군사를 쫓아 사로잡도록 했는데, 이때 신라군은 한산성에 머물러 있었어. 그런데 갑자기 고구려와 말갈 군사들이 와서 성을 에워싸고 한 달이 넘게 번갈아 싸움을 걸어오는 거야.  신라군은 맞서 싸웠지만 점점 밀려서 일이 매우 위급하게 됐지.

춘추왕이 이 소식을 듣고 여러 신하와 의논을 하는데,

"이 일을 어찌하면 좋단 말인가?"
하고 걱정만 할 뿐, 뾰족한 수가 없어 애만 태웠어. 이때 김유신이 달려와 아뢰었어.

"일이 매우 급하게 됐습니다. 사람의 힘으로는 미치지 못할 것이니, 오직 귀신의 술법을 빌어 구할 수밖에 없겠습니다."

김유신이 곧 성부산에 제단을 만들고 제를 지내 신술을 청했지. 그랬더니 갑자기 큰 항아리만한

불빛이 번쩍거리면서 제단에서 튀어나오더니 별처럼 날아서 북쪽으로 가더래.

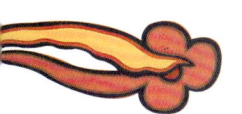
이때 한산성에 있던 신라 군사들은 구원병이 오지 않는다고 원망하면서 서로 마주보고 우는 판국이었어. 마침내 적군이 사나운 기세로 치고 들어오는데, 이때 갑자기 큰 항아리만한 불빛이 남쪽에서 날아오더니 벼락을 내려치는 거야. 불벼락이 서른 군데 돌대포를 때려 부수니, 큰소리와 함께 활과 살과 창이 산산조각 나서 흩어지더래. 적군들이 모두 놀라 땅에 엎어져 기절했다가, 한참 뒤에야 깨어나서 분주히 달아났지. 이렇게 해서 신라 군사들이 무사히 돌아왔다는 거야.

태종이 처음 왕의 자리에 올랐을 때 어떤 사람이 멧돼지를 바쳤는데, 그 멧돼지가 머리 하나에 몸뚱이가 둘이고 다리는 여덟이나 됐어. 이걸 보고 여러 사람이 그러더래.

"이것은 반드시 대왕이 천지사방을 차지할 조짐입니다."

이 시절에 왕과 벼슬아치들이 처음으로 중국식 옷과 기물을 입고 쓰게 됐는데, 이것은 자장 스님

이 당나라 임금한테 청해서 가져온 것이라고 해.

태종이 죽고 난 뒤 신문왕 때, 당나라 임금 고종이 신라에 사신을 보내 이런 말을 전하더래.

"내 아버지는 어진 신하 위징과 이순풍을 얻어 천하를 통일한 공으로 태종 황제라 일컬었소. 그런데 신라는 조그마한 나라로서 임금이 함부로 '태종'이라는 이름을 쓰고 있으니, 이는 우리 천자의 이름을 범하는 일이오. 빨리 그 이름을 고치도록 하시오."

그러자 신라왕이 답글을 써서 보냈어.

"신라가 비록 작은 나라일지라도 일찍이 우리 대왕이 갸륵한 신하 김유신을 얻어 세 나라를 통일한 공이 있소이다. 이 까닭으로 '태종'이라 하는 것이오."

당나라 임금이 이 글을 보고는, 곧 자기가 왕이 되기 전에 들었던 말이 생각났어. 그게 뭔고 하니, 어느 날 하늘에서 외치는 소리로 '33천 가운데 한

분이 신라에서 태어나 유신이 되었노라.'는 말을 들은 적이 있거든. 마침 그 말을 책에 적어 놓았는데, 다시 꺼내어 보고는 놀랍고 두려운 마음이 생겼지. 그래서 다시 사신을 신라에 보내, 태종이라는 이름을 고치지 않아도 좋다고 했다는 거야.

신비한 피리를 얻은
신문왕

 신라 문무왕의 아들 신문왕은 그 이름이 정명이고 성은 김씨야. 왕의 자리에 오른 뒤에 아버지 문무왕을 위하여 동해바닷가에 감은사라는 절을 지었지.

감은사를 지은 그 이듬해 5월 초하룻날이었어. 바다 일 보는 벼슬아치 파진찬 박숙청이 왕에게 달려와서 아뢰기를,

"동해바다 가운데 작은 산 하나가 감은사 쪽으로 떠내려 와 파도가 치는 대로 왔다 갔다 하고 있습니다."

이러거든. 왕이 이상하게 여기고 천문 일 보는 벼슬아치 김춘질을 불러 점을 쳐 보라고 했어. 김춘질이 점을 쳐 보더니 하는 말이,

"돌아가신 문무왕께서 지금 바다용이 되어 나라를 지키고 있습니다. 또 김유신 공은 33천 가운데 한 분으로 지금 인간세상에 내려와 대신이 되었습니다. 이 두 분 성인이 마음을 합쳐 성을 지킬 보배를 내리려고 하는 것 같습니다. 만일 왕께서 몸소 바다로 나가 보시면 반드시 값을 매길 수 없는 큰 보배를 얻을 것입니다."

이러는 거야.

왕이 기뻐하며 그달 초이렛날 감은사 앞 이견대로 가서 바다를 바라보니 과연 산 하나가 바다 위에 떠 있더래. 왕은 신하 한 사람을 보내 더 자세히 살펴보고 오게 했어. 신하가 갔다 와서 하는 말이, 산 모양은 거북머리처럼 생겼고 산 위에는 대나무 한 그루가 있는데 낮에는 둘로 갈라졌다가 밤이 되면 하나로 합쳐진다고 그러거든.

왕은 그날 감은사에서 묵었는데, 이튿날 한낮에 갑자기 갈라졌던 대나무가 합쳐지면서 하늘과 땅이 크게 흔들리고 비바람이 세차게 불고 사방이 캄캄해지더래. 이런 일이 이레 동안이나 이어지다가 그달 열엿샛날이 되자 바람이 잦아들고 물결도 잔잔해지고 날도 밝아지더래.

왕이 배를 타고 그 산으로 들어갔어. 산에 들어가자마자 어디선가 용 한 마리가 나타나더니 검은 옥띠를 바치는 거야. 왕이 용을 잘 대접하여 자리를 권하고 물었지.

"이 산과 대나무가 어떤 때는 갈라지고 어떤 때는 합쳐지고 하는 것은 무슨 까닭인가?"

"견주어 보자면 손뼉 치는 것과 같습니다. 한 손으로는 소리를 낼 수 없지만 두 손을 마주치면 소리가 나는 것과 같은 이치지요. 이 대나무라는 물건도 합쳐진 뒤라야 소리가 나는 것입니다. 어진 왕께서 소리로써 세상을 다스릴 좋은 징조이니, 이 대나무를 가져다가 피리를 만들어 불면 온 세상이 태평해질 것입니다. 돌아가신 윗대 왕께서는 바다 가운데 큰 용이 되었고 김유신 공은 신령이 되었는데, 그 마음을 합하니 이처럼 값을 매길 수 없는 큰 보배가 나왔습니다. 이제 저를 시켜 이것을 왕께 바치는 것입니다."

왕은 놀라고 기뻐하면서 오색비단과 금과 옥을 용에게 주고서, 산에 있는 대나무를 베어 가지고 왔어. 왕이 뭍으로 돌아오니 산도 없어지고 용도 없어져서 아무것도 보이지 않더래.

왕은 그날 밤을 감은사에서 보내고, 그 이튿날 궁궐로 돌아왔지. 돌아오는 길에 지림사 서쪽 시냇가에서 점심을 먹느라고 일행이 잠깐 멈추었어. 이때 태자 이공이 궁궐을 지키다가 소식을 듣고 말을 달려 마중을 나왔거든. 이공이 옥띠를 천천히 살펴보고 나서 말하기를,

"이 옥띠에 달린 옥비늘은 모

두가 진짜 용들입니다."

이런단 말이야. 왕이 놀라서 물었지.

"네가 그것을 어떻게 아느냐?"

"옥비늘 하나를 떼어서 물에 넣어 보면 알 수 있습니다."

왼쪽 둘째 옥비늘을 떼어서 개울물에 넣어 봤더니, 아니나다를까 금세 용이 되어 꿈틀거리며 하늘로 올라가더래. 그리고 옥비늘을 담갔던 곳은 어느새 커다란 연못이 됐어. 그래서 그 연못을 '용연'이라 했지.

왕은 궁궐로 돌아온 뒤에 그 대나무로 피리를 만들어, 월성 천존고라는 창고에 잘 간직해 뒀어. 그 뒤로 이 피리를 불기만 하면 적군이 물러가고, 병이 낫고, 가뭄에는 비가 오고, 장마철에는 날이 개고, 바람이 자고, 파도가 잦아드는 거야. 그래서 이 피리 이름을 거센 물결을 잦아들게 하는 피리라는 뜻으로 '만파식적'이라 했지. 그리고 나라의 보물로 삼아 잘 간직했는데, 나중에 부례랑이라는 사람이 도적에게 붙잡혔다가 이 피리 덕분에 살아 돌아온 기적이 일어나자 그 이름을 '만만파파식적'이라고 고쳐 불렀다고 해.

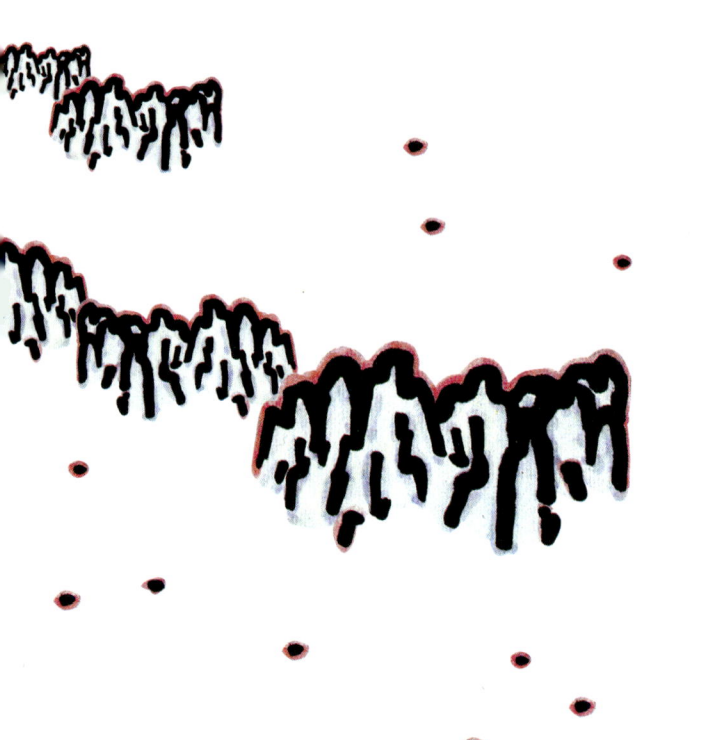

신라의 마지막 임금 김부대왕

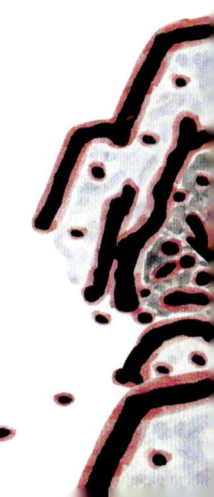

신라 쉰여섯째 임금은 김부대왕인데, 이이가 신라의 마지막 임금이야. 시호는 경순이라고 해.

앞서 경애왕 때, 후백제의 견훤이 군사를 이끌고 신라에 쳐들어온 적이 있어. 이때 견훤의 군사가 서라벌 서쪽 고울부라는 곳에 이르니 나라 형세가 아주 위급해졌지. 이에 경애왕은 고려 태조 왕건에게 구원을 청했어. 고려왕은 날랜 병사 일만 명을 뽑아 보냈지.

하지만 고려 구원병이 채 이르기도 전에 이미 견훤은 서라벌로 들어왔는데, 이때가 동짓달이었어. 때마침 왕은 왕후와 여러 친척과 더불어 포석정에서 잔치를 열고 있었거든. 한창 잔치가 무르익어 갈 때 견훤의 군사들이 들이닥친 거야. 뜻밖에 적병이 닥치니 모두들 어찌할 바를 모르고 허둥지둥했지. 왕은 왕후와 함께 뒤쪽 궁궐로 들어가고, 왕의 친척들과 벼슬아치들은 사방으로 흩어져 달아났지만 얼마 못 가 모두 붙잡히고 말았어.

붙잡힌 사람들은 귀천을 가릴 것 없이 모두 벌벌 떨면서 살려 달라고 빌었지. 견훤은 군사들을 풀어 관청이고 여염집이고 가리지 않고 닥치는 대로 재물을 빼앗았어. 그리고 곧 궁궐로 들어가서 병사들을 시켜 왕을 찾아오게 했지. 왕과 왕후, 후궁들은 뒤뜰에 숨어 있다가 견훤의 군사들에게 붙잡혀 끌려나오는 신세가 됐어.

끌려나온 왕은 으름장에 못 이겨 스스로 목숨을 끊었고, 왕후와 후궁들은 욕을 보았어. 이렇게 신라 궁궐을 쑥대밭을 만들어 놓고 견훤은 경애왕의 아우 김부를 신라왕으로 내세웠던 거야.

김부대왕은 왕의 자리에 오른 뒤에, 형 경애왕의 시신을 궁궐 서쪽 빈소에 모셔 놓고 신하들과 함께 밤낮으로 통곡을 했어. 고려에서도 이 소식을 듣고 사신을 보내 왕을 위로했지.

그 이듬해 고려 태조 왕건이 기병 쉰 명을 거느리고 나라 안을 돌아보다가 서라벌 근처에 이르렀을 때야. 이때 김부대왕이 신하들을 이끌고 교외로 나가 왕건을 맞이하고, 곧 궁궐로 들어가 임해전에서 잔치를 베풀었거든. 이때 술이 몇 순배 돌자, 김부대왕이 눈물을 흘리면서 말했어.

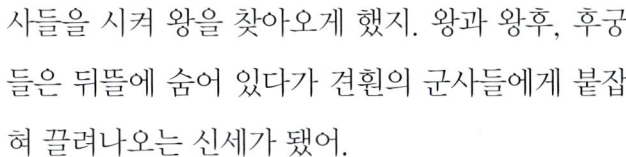

"내가 하늘의 뜻을 얻지 못하여 이다지도 운이 없나 봅니다. 견훤이 함부로 불법무도한 일을 저질러 우리나라를 망쳐 놓았으니, 이 얼마

나 슬프고 쓰라린 일입니까?"

곁에 있던 사람들이 그 말을 듣고 다 눈물을 흘렸고, 왕건도 눈물을 지었다고 해. 왕건은 그 뒤에도 한 달가량 더 머물다가 돌아갔는데, 그동안 부하 군사들이 얌전하게 규율을 잘 지켜서 털끝만큼도 눈에 거슬리는 짓을 하지 않았대. 이것을 본 서라벌 백성이 다 이런 말을 했대.

"전에 견훤의 군사가 왔을 때는 승냥이나 호랑이를 만난 것 같았는데, 이번에 왕건의 군사가 오니 마치 부모를 만난 듯하구나."

그해 8월에 고려 태조 왕건이 사신을 신라에 보내 왕에게 비단옷과 말안장을 선사하고, 여러 벼슬아치들에게도 갖가지 물건을 선사했지.

몇 해 뒤에는 신라 땅이 갈가리 나누어져 남의 손에 들어가고, 나라의 힘은 약해질 대로 약해지고 형세는 외롭게 되어 더는 버틸 수 없는 형편이 됐어. 이에 김부대왕이 여러 신하와 함께 고려에 항복하는 일을 놓고 의논을 했지. 그런데 사람마다 생각이 다 달라서 밤낮으로 의논해도 끝날 줄을 모르는 거야. 태자는 말하기를,

"나라가 일어서고 무너지는 것은 하늘의 뜻에 달

린 것입니다. 마땅히 충성스런 신하들과 의로운 선비들이 힘을 합하여 백성을 달래면서 버티는 데까지 버텨 볼 일이지, 어찌 천 년을 이어온 나라를 하루아침에 남에게 넘겨준단 말입니까?"
하고 끝까지 버틸 것을 주장했지만, 왕은 생각이 달랐나 봐.

"나라가 이렇게 약하고 외로운 처지에 빠졌으니, 아무리 생각해 봐도 더 버틸 수 없는 지경에 이르렀다. 우리가 더 강해지지도 못하거니와 더 약해질 것도 없는 형편이 아니냐. 더 버티는 것은 곧 무고한 백성을 끔찍한 죽음의 구렁으로 몰아넣는 것이니, 내 그것만은 차마 못할 일이로다."

드디어 왕이 결심하고, 곧 항복문서를 써서 시랑 김봉휴에게 주어 고려에 보냈어. 이렇게 해서 천 년을 이어 온 신라는 스스로 멸망하게 된 거야.

일이 이렇게 되자 태자는 슬피 울면서 왕에게 하직인사를 하고 금강산으로 들어갔어. 그리고 거기서 내내 숨어 살았는데, 거친 삼베옷을

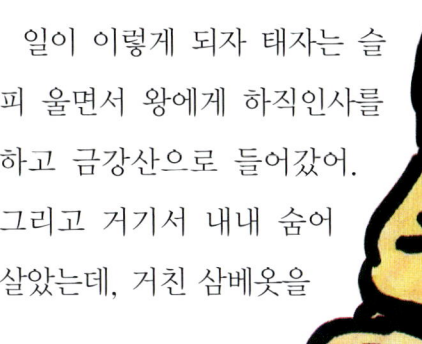

입고 나물을 뜯어 먹으면서 살다가 죽었다고 해. 또, 왕의 막내아들은 머리를 깎고 스님이 되어 화엄종 절로 들어갔는데, 이름을 '범공'으로 고치고 법수사와 해인사에서 살다가 죽었다고 해.

고려 태조 왕건은 항복문서를 받고, 곧 태상 벼슬하는 왕철을 보내 신라왕을 맞이하고 정중하게 대접했어. 김부대왕이 여러 신하를 거느리고 고려에 항복하러 가는데, 그 모습이 참 볼 만하더래. 아름답게 꾸민 수레며 말들이 삼십 리에 뻗쳐 길을 가득 메우고, 구경꾼들이 길가에 모여 선 모양이 마치 담을 쌓아 놓은 듯하더래.

왕건이 교외까지 나가서 왕을 맞아들여 위로하고, 고려궁궐 동쪽 큰 집을 내주어 살게 해 줬어. 그리고 자기의 맏딸 낙랑공주를 왕에게 시집보냈지. 왕은 자기 나라를 버리고 남의 나라에 와서 사는 제 처지를 빗대어, 어미와 떨어져 사는 난새와 같다고 하여 낙랑공주의 이름을 '신란공주'로 고쳐 불렀대. 공주는 나중에 '효목'이라는 시호를 받았어.

고려 태조는 김부에게 정승 벼슬을 내렸는데, 이것은 태자의 윗자리야. 또 김부에게 천 석지기 땅을 내려 주고, 따라온 다른 벼슬아치들도 다 고려의 관리로 뽑아 썼어. 서라벌을 경주로 고쳐 부르고, 김부의 다스림을 받게 했지.

김부대왕이 신라의 땅을 바치면서 고려에 항복을 할 때, 태조 왕건이 무척 기뻐하고 깎듯이 대접하면서 말하기를,

"이제 왕께서 신라를 고려에 바치시니 선물로서 이보다 더 큰 것이 어디에 있겠습니까? 내 바라는 바는 신라왕실과 혼인하여 친척으로서 오래오래 가까이 지내는 것입니다."

했지. 그러니 김부가 대답하기를,

"나에게 사촌동생이 되는 우리 큰아버지의 딸이 있는데, 아름답고 슬기로워서 궁궐 살림을 할 만 합니다."

하여, 태조가 곧 그 딸에게 장가를 들었어. 이이가 바로 신성왕후 김씨야. 나중에 태조의 손자 경종은 정승 김부의 딸에게 장가들었는데, 이이가 바로 헌승왕후야. 김부는 왕의 장인이 된 셈인데, 이 때문에 왕은 정승을 아버지처럼 높이 대우했대.

오래 뒤에 김부대왕은 죽어서 '경순'이라는 시호를 받게 됐지.

삼국유사 원화 그림방

기이도	계룡수호도
간적탄난도	아진의선도
강원이적도	연오부부도
신단수도	치술신모도
웅녀도	노수양견도
웅녀축원도	도화영왕도
금와출현도	선덕여왕도
유화밀월도	호국삼신도
하백일가도	낙화삼천도
유화유배도	만파식적도
주몽양마도	설중마의도
주몽탈출도	

기이도(紀異圖)

『삼국유사』 책머리에 일연선사(一然禪師)는 자서(自叙)하기를 제왕, 성현이 태어날 때는 천명(天命)과 서징(瑞徵)이 있어 보통 사람의 탄생과는 다르다 했다. 우리의 개국 신화를 말하기 전에 중국의 고사(故事), 즉 탄생 설화를 열거하였는데, 무지개가 신모(神母)를 둘러 복희(伏羲)를 낳고, 여등(女登)이 용과 교통하여 염제(炎帝)를 낳고, 황아(皇娥)가 뽕나무밭에서 신동(神童)과 교통하여 소호(少昊)를 낳았다는 등등이다. 그런즉 우리 삼국(三國)의 시조(始祖) 탄생이 신이(神異)한 것을 괴이하게 생각지 말라 했다. 이 기이도는 책머리의 중국 탄생 설화를 나열해 본 그림이다. 몇 천 년 전 일의 진부(眞否)를 생각하기 전에 알〔卵〕에서 우리 시조가 나왔다는 이야기는 오늘날 시험관에서 아기가 태어났다는 것보다 체취가 진한 것 같다.

간적탄난도(簡狄吞卵圖)

무슨 알인지는 모르나 알을 삼키고 간적(簡狄)이 설(契)을 낳았다는 중국의 설화이다. 먹는다는 것과 삼킨다는 것은 차이가 있고, 그 속에는 은근한 비밀스러움이 있고, 대단한 결행력이 있다. 아이를 낳기 위해서, 사랑을 받기 위해서 무엇인가를 삼킨다 함은 사랑의 묘약(妙藥)을 탐하는 동서고금의 여인의 본능과 다를 바 없다. 삼킨다는 동작에서 사랑을 연출한 연극의 클라이맥스를 느낀다.

강원이적도(姜嫄履跡圖)

어떤 기이한 발자취를 밟고 기(棄)를 낳았다는 이야기도 재미있다. 작고 보잘것없는 것이 아니고 크고 장대한 발자국이었다고 생각해 본다. 새것, 신기한 것, 여기에 대한 강한 호기심과 집착을 읽을 수가 있다. 가장 발랄하고 겁 없을 때에, 꿈같은 봄날에, 아니면 황량한 가을날에 새롭고 경이로운 일이 여인을 유혹했다고 하면 그것은 지금도 만발하고 있는 현실의 일인 듯하다.

신단수도(神檀樹圖)

우리 역사의 서장(序場)이 되는 장면은 큰 연극의 제1막과도 같은 느낌을 준다. 몇 천 년 버틸 기운찬 나무와 해와 달이 있어야 할 것 같고, 인간세상을 탐해서 왔다는 환인(桓因)의 서자(庶子) 환웅(桓雄 수컷-雄자가 맘에 든다)이 자리하고, 여기에 같이 등장할 호랑이와 곰이 있어야 할 것이다. 배경에는 백악(白岳)이라 일컬어지는 삼위태백(三危太伯)의 큰 산이 있으나, 무엽산(無葉山)이라 하니, 나무 없는 흰 산인 듯하다. 아직 우리의 시조는 낳기 이전이니 신시(神市)는 이룩되지 않았고, 그래서 사람은 없다. 다만 마늘과 쑥이 자라고 있다.

웅녀도(熊女圖)

정말 쑥과 마늘을 먹고 삼칠일(三七日) 금기(禁忌)하여 여자가 되었는지는 너무 오랫적 일이라 알 수가 없다. 그러나 새까만 곰의 가죽을 벗고 하얀, 티 없는 여인이 태어나는 장면을 생각하면 마음 떨리게 하는 신비가 있다. 진주조개에서 비너스가 나왔다는 것보다 육신을 구현하는 식(式, Incarnation)에서 미적변용이 뛰어나다. 르네상스적 회화 양식에서부터 제반 서양의 회화 양식으로 표현해도 압권이 될 주제인데 우선 이렇게 그려본 것을 참고 보아주시기 바란다. 인류 역사학적 입장에서처럼 웅녀(熊女)를 곰부족의 일녀(一女)로 넘겨 버린다면 신화의 미적 감동은 없어질 것 같아 이야기 그대로를 수용하고 싶다.

웅녀축원도(熊女祝願圖)

여인이 된 웅녀는 '그와 혼인하여 주는 이 없이 항상 신단수 하에서 축원하기를 아이를 배어지이다 하였다. 이에 웅이 잠깐 변하여 결혼하여 아들을 낳으니 이름을 단군왕검이라 하였다.' — 이것이 원문의 전부인데 왜 환웅이 잠깐 변하였는지, 무엇으로 변했는지, 구체적으로 나타 있지 않다. 희랍 신화의 제우스는 사통하기 위해 하다못해 빗방울, 백조로도 변하는 적극성을 보이는데 우리 조상은 점잖아서 잠깐 얼굴만 감추었다는 뜻인가 보다. 웅녀를 가긍히 여긴 환웅의 마음에서 우리 조상의 첫 로맨스가 시작되었는바, 그림으로 펼치자니 조금은 외람된 기분이 든다.

금와출현도(金蛙出現圖)

금와왕이 개구리를 닮았던 것은 사실인 듯하다. 동부여왕 해부루는 꿈을 믿고 도읍을 옮길 만큼 계시적 임금인데 후사(後嗣)를 구하기 위해 산천(山川)에 제(祭) 지내고 곤연이라는 연못의 큰 돌 밑에서 금와를 발견한다. 늙은 왕 해부루는 금개구리를 보는 순간 범속에서 볼 수 없는 외양을 보고 지도자의 징표를 찾은 듯하다. 성경에 보면 모세는 하나님의 계시를 받은 후 이마에 우뚝한 불이 솟았다 하니, 금빛 개구리를 닮은 남아(男兒)가 왕이 되었다는 우리 설화도 신화적인 설득력을 가진 것이라 생각된다.

유화밀월도(柳花密月圖)

태곳적 사랑 이야기를 생각하는 것은 신비롭다. 유화는 웅신산 아래 압록강가의 집에 해모수와 밀월하는데 아득한 세월만큼이나 깊게 밤은 어두웠을 것이고 별은 그래서 더욱 빛나지 않았을까. 숨을 막는 감동이 있다. 의식주가 우리 문화로 독특하게 자리잡은 우리 것이라면 사랑의 표현과 예식에도 우리의 몸짓이 있었을 것 같다. 그래야 우리는 더욱 의젓하고 아름다울 것 아닌가. 서양문물이 몸과 혼을 흔들어 놓은 현재를 생각할 때 우리의 몸짓으로 사랑하고 표현하는 예식을 생각하게 한다. 사랑은 모두의 것이나, 은밀한 개인의 것이다. 그 속에 종교 같은 예식이 있었으면 한다. 아름다움이 같이 하는 사랑은 축복일 것이다.

하백일가도(河伯一家圖)

하백(河伯)은 강(江)에 사는 어른, 아니면 강의 신(神)이었던 것 같다. '고기 잡는 아버지와 철모르는 딸 하나'와 달리 철모르는 딸 셋이 있는 아버지이다. 유화(柳花, 버들꽃 아기), 훤화(萱花, 원추리꽃 아기), 위화(葦花, 갈꽃 아기)처럼 하나같이 예쁜 이름의 꽃 같은 딸을 키웠다. 세 자매 중 유화는 강가에서 놀다 천제(天帝)의 아들이라는 해모수를 만나 웅신산하(熊神山下) 압록강가의 집에 따라가 사통(私通)하고 집에서 쫓기어

나 우발수(優渤水)가에 귀양을 간다. 우연히 지나던 금와왕에게 발견되어 의탁하던 중 큰 알을 낳으니 이 속에서 고구려의 시조 주몽이 태어나고 유화부인은 현실에 있을 듯한 모습으로 역사에 등장한다. 버들꽃 아기의 사랑 이야기는 시대를 관통하는 현실감이 많다. 어디 영산강이나 낙동강 궁벽한 어촌에 지금도 갈꽃 같은 세 딸을 키우는 늙은 어부가 있지나 않을까 상상해 본다.

유화유배도(柳花流配圖)

압록강가 우발수(優渤水)라는 곳이 어떤 곳인지는 모르나 물살 급한 험처였으리라 생각된다. 유화(柳花)가 집에서 쫓겨나 귀양 간 곳이니, 우리 역사상 최초로 여인의 한과 밀착하는 곳이다. 철없는 사랑의 불장난에 가해진 형벌의 땅인 이 낯설고 알 수 없는 지명인 우발수는 김소월의 시 「접동새」에 나타나는 진두강(津頭江) 가람가에 살던 누나의 한과 이어져서 이 두 개의 지명이 막연한 그리움을 준다. 유화는 어떤 모습으로 그곳에 있었을까. 어떤 아름다움이 지나던 금와왕의 마음을 사로잡았을까는 내가 표현할 길 없는 아득한 그리움일 뿐이다.

주몽양마도(朱蒙養馬圖)

주몽은 실재한 역사적 인물이다. 금와왕(金蛙王)의 일곱 아들 틈에서 양아들로 자란다. 군계일학이었지만, 의붓자식의 설움을 톡톡히 겪었으리라. 그가 역경에서 벗어나는 길은 실력을 쌓고 웅지를 키우는 것이었다. 뛰어난 명궁(名弓)에게 주어지는 주몽이라는 이름을 얻은 것이나, 비루먹고 여윈 말을 키워 훗날을 도모했음이 이를 말한다. 광활한 북만(北滿)의 대륙을 누빈 고구려의 힘찬 기상이 비루먹은 한 마리 말을 키운 선구자의 뜻에서 비롯되었다고 생각하고 싶다. 주몽과 그의 여윈 말이 엮어내는 실의와 득의의 드라마에 현실성을 부여하고자 하였다.

주몽탈출도(朱蒙脫出圖)

주몽의 재략과 웅지를 믿는 유화부인은 아들의 신변을 염려하여 동부여 땅을 떠나게 한다. 오이, 마리, 협부 세 심복과 더불어 쫓기며 닿은 곳이 압록강의 동북지류인 엄수(淹水)이다. 큰 물고기들과 자라가 떠올라 주몽의 도강(渡江)을 도와주었다 하는데 주몽이 하백(河伯)의 외손자임을 생각하면 납득할 만한 신화적 귀결이다. 일행이 졸본주(卒本州)에 도읍하고 나라를 세우니 그때 주몽의 나이 12세, 기원전 37년의 일이라 한다. 웅대한 고구려의 새벽이 열리는 이 탈출의 장면을 표현하는 일은 나로서 불가능하다. 그것은 엑소더스와도 같은 우리 역사의 대서막이기 때문이다.

계룡수호도(鷄龍守護圖)

혁거세왕이 나정(蘿井)가 붉은 알에서 태어난 날, 알영정(閼英井)에는 계룡(鷄龍)이 나타나 그의 왼편 갈빗대에서 한 여아(女兒)를 낳았다. 그런데 입술이 닭의 부리를 닮은 것이 흠이었다. 월성북천에 목욕시키니 부리가 떨어졌고, 두 성아(聖兒)를 정성껏 키워 13세에 왕과 왕후를 삼으니 이것이 신라의 개국이라 한다.(기원전 67년) 닭과 용을 닮은 계룡이 어떤 동물인지, 또 신라의 모계(母系)와는 어떤 연관이 있는 것인지는 설명할 길이 없다. 다만 내가 생각하기에는 신라 천 년의 하늘에 그때부터 계룡이라는, 알 수 없는 동물이 떠서 세상을 지키지 않았을까 하는 것이다.

아진의선도(阿珍義先圖)

아진의선은 원래 혁거세왕의 고기잡이 할미였다. 하니, 지금으로 치면 늙은 해녀였나 보다. 아진포 바닷가에 사는 이 맘씨 곧은 해녀는 어떤 날 몹시 지저귀는 까치소리를 듣고 바다에 떠온 낯선 배에서 한 남아를 얻는다. 아기가 커서 장성한 후에 탈해왕(脫解王)이 된다. 남아가 실려온 배의 내력이 자세히 나와 있으나 그것은 설화적이어서 그 연원을 믿을 길이 없다. 다만 탈해왕이 바다를 통해 온 이방의 사람이고 늙은 해녀가 키웠다는 점을 부각하고 싶다. 까치(鵲)에서 석(昔)씨라는 성을 취했다는 점은 재미있다.

연오부부도(延烏夫婦圖)

연오랑(延烏郞)과 세오녀(細烏女)는 아달라왕 때 동해변에 살던 부부이다. 까마귀와 무슨 인연이 있는지 두 사람 이름에 오(烏)자가 있다. 하루는 연오랑이 바닷가에서 일을 하다 이상한 바위(?)에 실려 일본에 가게 되고 그곳에서 왕이 되었다. 남편을 기다리던 세오녀는 바닷가 바위에서 남편의 신발을 발견하고 그것에 실려 가 남편을 만나 왕비가 되었다. 이때 신라에서는 일월이 빛을 잃었다 하니, 혹시 주인을 잃은 까마귀가 하늘을 덮어서 생긴 것이 아닌지, 우에노 공원에 지금도 떼지어 사는 까마귀는 그때 따라간 것이 아닌지, 풀 길이 없다.

치술신모도(鵄述神母圖)

눌지왕 때 신라는 국력이 약해 왕제 미해를 일본에 볼모로 보낸 지 30년이 되었었다. 양산 태수 김제상(金提上)은 왕을 위해 고구려에 있던 보해를 멀리 구해오고, 미해를 구하기 위해 율포에서 배를 타고 일본으로 건너갔다. 미해를 탈출시키고 왜왕에게 잡히게 된 제상은 '왜국의 신하가 되느니 계림의 개, 돼지가 되겠다.' 하고 오형(五刑)을 달게 받고 순절하고 말았다. 남편이 살아오기를 기다리던 제상의 처는 바다가 보이는 치술령(鵄述嶺)에 올라 왜국을 바라보고 통곡하다 죽으니 그 원혼이 치술령신모(鵄述嶺神母)가 되었다. 사당이 있다 하나, 신모(神母)는 이런 모습으로 밤마다 치술령 깊은 곳을 헤맬 것 같다.

노수양견도(老樹兩犬圖)

지철로왕은 지증왕이라고도 하는데 참 웃을 수도 울 수도 없는 기록으로 사서(史書)에 남으신 분이다. 1척 5촌이라는 거대한 남성을 가진 탓으로 배필을 찾지 못하여 전국에 사령을 풀어 짝을 찾게 하였는데, 모량부 늙은 나무 아래에 이르니 개 두 마리가 큰 북만한 덩어리를 놓고 서로 다투고 있었다. '이것이 누구의 것이냐?' 임자를 찾으니, 그곳 상공의 딸이 남 몰래 남긴 것이다. 처녀를 찾아 키를 보니 7척 5촌이라 능히 임금의 짝이 될 만하니 모시어 왕후를 삼았다 한다. 짚신도 짝이 있다 하지만 이런 진 기록은 아마 둘도 없지 싶다.

도화영왕도(桃花迎王圖)

진지왕 때 사량부에 한 유부녀가 살았는데 인물이 하도 고와 도화랑(도화랑)이라 불렸다. 임금이 그녀를 탐하여 취하려 하니 남편이 있는 몸이니 제왕의 위력에도 굴복치 못한다 했다. 왕은 네 남편이 죽은 후에는 되겠는가 하니, 그때는 가하다 했다. 그러나 공교롭게도 왕이 그해에 죽고 남편은 3년 후에 죽었다. 10일 되는 날, 도화녀(도화녀)의 방에 생시의 모습과 같은 왕이 나타나 이제는 전 날의 약속을 지키라 하고 7일간 머물다 홀연히 떠나 버렸다. 아름다움을 탐하는 사내의 집념이 그토록 강할 수 있는지, 죽어서도 찾아올 만했다면, 도화녀는 정말 어떤 여자였을까?

선덕여왕도(善德女王圖)

선덕여왕은 지혜롭고 아름답고 착한 분이었던 것 같다. 여왕의 지기삼사(知機三事)는 널리 알려진 일로 여왕의 총명함이 빛났음을 보여 준다. 이러한 여왕을 신라의 온 백성이 흠모하였음은 당연하다. 그러나 지귀(志鬼)라는 못난 사내가 여왕을 홀로이 사랑하다 상사병으로 미쳤다 하자 여왕은 지쳐 쓰러져 잠든 지귀의 품에 당신이 지니던 팔찌를 슬며시 얹어 주었다 하니, 이는 마치 자비로운 미소로 신라 천 년을 보낸 미륵사유반가상이 턱을 괴었던 손을 살며시 풀어 슬픈 중생을 만져주려 하는 그런 표정은 아니었을까 생각해 본다.

147

호국삼신도(護國三神圖)

김유신은 18세에 국선(國仙 화랑)이 되어 백석(白石)이라는 낭도(郎徒)와 고구려 땅에 잠입하려 하였다. 골화천(骨火川)에 이르러 세 낭자와 일행이 되었던 중 긴밀한 일이 있다 하여 유신이 세 낭자를 따라 숲속에 드니, 이들은 돌연 귀신이 되어, 백석은 고구려인이니 그를 따르지 말라 하고 홀연히 사라졌다. 호국삼신(護國三神)이 유신을 구해 준 것이다. 기이한 것은 김유신의 전생이 고구려 보장왕에게 억울한 죽음을 당한 추남(楸南)이라는 점쟁이였고, 신라의 명장으로 태어나 원수를 갚겠다 했다는 점이다. 삼국 통일의 명장이 전생의 원업을 풀기 위한 추남이었다면 업보는 정말 무서운 것이 아닌가?

낙화삼천도(落花三千圖)

떨어지는 꽃보다 더 애처로와서 낙화암이라 했을 것 같다. 백제가 멸망하려니 그 불길한 전조가 도처에서 일어났다. 여우가 궁궐에 떼를 지어 들고, 궁중의 괴목이 사람같이 울고 사비수가 핏빛이 되고 왕도의 사람들이 까닭없이 놀라서 달아나곤 했다. 성충과 홍수가 죽음으로 직언해도 왕은 듣지 아니했다. 한 나라의 종언은 지는 꽃보다도 슬픈 것이다. 모시던 임금과 한 곳에서 죽지 못하는 것이 궁녀에게는 더 큰 한이 되었을 것이다. 떨어지는 꽃이라기보다 영겁을 향한 자비심의 불꽃, 왕관에 빛나는 보상화문(寶相華紋)처럼, 그 모양새로 무량수 부처님 속에 뛰어들었지 싶다.

만파식적도(萬波息笛圖)

신라 사람은 열렬한 호국신앙을 가졌던 것 같다. 불교도 호국신앙이었듯이, 통일의 위업을 쌓은 문무왕과 김유신은 호국신으로 추앙되었다. 죽어 해룡과 천신(天神)이 된 두 성인은 덕을 합쳐 신기한 대나무 하나를 주었고, 이 대나무로 만든 것이 만파식적이었다 한다. 이 피리를 불면 나라 안의 모든 근심이 눈 녹듯 사라져서 이를 국보로 삼아 천존고(天尊庫)에 두었다 하니, 얼마나 열렬한 호국신앙의 산물이겠는가. 좋은 소리로 나라를 지킨다는 생각이 어쩌면 '태초에 말씀이 있었다.'는 것과 통하는 듯하다.

설중마의도(雪中麻衣圖)

56대 경순왕에 이르러 신라 천 년의 사직이 문을 닫는다. 전대의 경애왕이 포석정 연회에서 견훤에게 당한 수모는 죽음으로도 씻지 못할 처참한 것이었다. 이미 썩고 병들어 지탱할 수 없는 나라를 왕건에게 바치고 그의 사위가 되어야 했던 경순왕의 몰골도 한스럽기 짝이 없는 것이었다. 울며 왕을 하직하고 눈덮인 개골산으로 찾아간 태자는 마의(麻衣)와 초식(草食)으로 생을 마치었다 한다. 천 년 사직을 지키지 못한 죄가 어찌 태자에게만 있겠는가, 더불어 서글퍼진다.

151